Las cuatro estaciones
Invitación a la poesía

Aula de Literatura

Director
Francisco Antón

Las cuatro estaciones
Invitación a la poesía

Edición de Antón, Torregrosa y Otero

Introducción
Juan Ramón Torregrosa

Selección, notas
y actividades
Francisco Antón
Juan Ramón Torregrosa
Manuel Otero

Ilustración
Juan Ramón Alonso

Aula de Literatura Vicens Vives

Primera edición, 1999
Reimpresiones, 2000, 2000, 2001, 2003
2003, 2004, 2005, 2006, 2007, 2007, 2008, 2009, 2010
2010, 2013, 2013, 2016, 2017, 2018, 2021, 2021, 2022
Vigésima tercera reimpresión, 2023

DL B 37.217-2011
ISBN: 978-84-316-4818-3
Nº de Orden V.V.: RX54

© ANTONIO CARVAJAL, GERARDO DIEGO, PABLO GARCÍA BAENA, ÁNGEL GONZÁLEZ, JUAN RAMÓN JIMÉNEZ, RICARDO MOLINA, RAFAEL MORALES, CARLOS EDMUNDO DE ORY, BLAS DE OTERO
De los poemas de los que son autores. Publicados por gentileza de los propios autores o de sus herederos.

© DÁMASO ALONSO, LUIS CERNUDA, LEÓN FELIPE, JUAN GIL ALBERT, JAIME GIL DE BIEDMA, JORGE GUILLÉN, MIGUEL HERNÁNDEZ, VICENTE HUIDOBRO, MIGUEL LABORDETA, PABLO NERUDA, OCTAVIO PAZ, PEDRO SALINAS, CÉSAR VALLEJO
De los poemas de los que son autores.

© JUAN RAMÓN TORREGROSA
De la introducción, selección, notas y propuestas de trabajo.

© FRANCISCO ANTÓN
De la selección, notas y propuestas de trabajo.

© MANUEL OTERO
De la selección, notas y propuestas de trabajo.

© JUAN RAMÓN ALONSO
De las ilustraciones a los textos poéticos.

© EDITORIAL VICENS VIVES, S.A.
Sobre la presente edición según el art. 8 del Real Decreto Legislativo 1/1996.

Obra protegida por el RDL 1/1996, de 12 de abril, por el que se aprueba el Texto Refundido de la Ley de Propiedad Intelectual y por la normativa vigente que lo modifica Prohibida la reproducción total o parcial por cualquier medio, incluidos los sistemas electrónicos de almacenaje, de reproducción, así como el tratamiento informático. Reservado a favor del Editor el derecho de préstamo público, alquiler o cualquier otra forma de cesión de uso de este ejemplar.

IMPRESO EN ESPAÑA. PRINTED IN SPAIN.

ÍNDICE

Introducción

El duende de la poesía	VII
La primavera de la vida	IX
El ardor del verano	XV
Las hojas secas del otoño	XX
Los fríos del invierno	XXV
El ciclo de la vida	XXX
Esta antología	XXXI

Las cuatro estaciones

Primavera	3
Verano	35
Otoño	79
Invierno	127
El ciclo de la vida	163

Actividades

Análisis literario	3

«Novela romántica» (1894), de Santiago Rusiñol.

INTRODUCCIÓN

EL DUENDE DE LA POESÍA

Explicar qué es la poesía no resulta tarea fácil, y a este propósito resulta muy ilustrativa la respuesta que da Bécquer a una bella dama cuando esta le pide que defina la poesía; el poeta sevillano, que sentía como pocos la necesidad de explicar su esencia, titubea, no encuentra palabras, pero, al contemplar la belleza de su interrogadora, siente que algo palpita en su interior y exclama: "¡La poesía..., la poesía eres tú!" Y esto, que podría parecer una galantería, encierra para Bécquer una gran verdad, pues él identifica la poesía con el sentimiento y el sentimiento con la mujer.

Otro poeta, dotado también de la gracia y el duende de la auténtica poesía, Federico García Lorca, manifiesta la imposibilidad de definirla con palabras no poéticas, aunque "sabe" qué es: "Yo tengo el fuego en mis manos. Yo lo entiendo y trabajo con él perfectamente, pero no puedo hablar de él sin literatura".

Definible o indefinible, divina o humana, lo cierto es que la poesía lírica aparece ligada íntimamente al mundo de las emociones, de los sentimientos, de la belleza, del misterio, de lo más profundo e inexpresable del alma humana. Durante siglos, algunos seres dotados de una sensibilidad exquisita para captar los más delicados repliegues del corazón humano, los matices más sutiles del mundo que nos rodea —la naturaleza, las personas—, y provistos de un dominio excepcional de la lengua, han ido conformando con palabras el más rico, el más complejo y verdadero retrato espiritual de la Humanidad.

Quizá por poseer como nadie el don de la palabra, el poeta aparece a menudo como un ser inspirado por la divinidad, capaz, como los dioses, de crear —poesía procede del término griego *poiesis*, que significa 'creación'— y de elevarse así por encima de los demás mortales.

Los griegos y, posteriormente, los románticos, contribuyeron en gran medida a conformar esta imagen del poeta como un ser tocado por la gracia divina de la inspiración, elegido para revelarnos las verdades más profundas y misteriosas del alma, incomprendido en un mundo mediocre y vulgar. Una imagen que, en gran medida, todavía persiste cuando se habla de poesía y de poetas.

Pero, como en todo tópico, hay en esta concepción de lo que es un poeta una tendencia a simplificar y deformar la realidad. Aunque es cierto que en la creatividad artística parece actuar una fuerza casi mágica, inexplicable, reveladora, no es menos verdad que sin esfuerzo, sin afán de perfección, sin un conocimiento profundo de la tradición (¿cómo han expresado otros poetas, antes que nosotros, lo que sentimos y pensamos?), sin el dominio de una técnica, no hay arte. «Si es verdad que soy poeta por la gracia de Dios —o del demonio—, también lo es que lo soy por la gracia de la técnica y del esfuerzo, y de darme cuenta en absoluto de lo que es un poema», afirma García Lorca.

Si escribir poemas requiere unas cualidades y un aprendizaje —todos los poetas han roto o desechado cientos de versos—, leer poesía exige también un esfuerzo, un proceso de formación. Penetrar en el complejo mundo de sensaciones, emociones, sentimientos e ideas que encierra cada poeta, cada poema, es solo posible si nuestra sensibilidad y espíritu han sido cultivados y afinados para ello.

Elegir el momento y el lugar oportunos, tener el estado de ánimo bien dispuesto y leer con atención son requisitos necesarios para gozar de la poesía, pues las palabras alcanzan en la lírica, más que en ningún otro género, su máxima capacidad expresiva, su sentido más profundo, alejándose del uso corriente o degradado al que nos tiene habituados el lenguaje coloquial y vulgar. Mediante la poesía es posible recuperar el alma de las cosas, el rostro auténtico del ser humano, nuestra conciencia de libertad, la palpitación del mundo. No hay realidad, por oculta que parezca, que no pueda ser desvelada y expresada con palabras, no hay realidad, por vulgar que se estime, que no pueda ser transformada y dignificada mediante la poesía.

Estaciones, vida, poesía

¿Y qué mejor marco para adentrarse en esta realidad maravillosa y múltiple de la poesía que las cuatro estaciones del año? Ellas, con su cíclico retorno —como el sol y la luna, el día y la noche, el fruto y la semilla—, han marcado desde su inicio la vida del hombre, que aprendió a medir el tiempo observando su repetición periódica.

Pero frente al renacer de la naturaleza cada año, o al levantarse del sol cada mañana, el hombre debió de preguntarse muy pronto si los seres vivos seguían un ciclo similar —de ahí el mito del eterno retorno, la vida del más allá, la reencarnación...—, o si, por el contrario, con la muerte se acaba nuestra existencia. Tiempo cíclico y tiempo lineal, estaciones y edades se entrelazan en la vida de los hombres. Primavera e infancia, verano y juventud, otoño y madurez, invierno y vejez... se suceden en la naturaleza y en nuestras vidas. La poesía es testigo de ello y lo seguirá siendo, pues desde que el ser humano fue capaz de hablar, de comunicarse con palabras, ha sentido la necesidad de expresar sus emociones y sentimientos de la forma más intensa posible. La poesía latía ya, sin duda, en sus voces.

LA PRIMAVERA DE LA VIDA

La primavera empieza en el equinoccio de marzo y dura hasta el solsticio de junio, época que se corresponde en el hemisferio austral con nuestro otoño. Es la estación en que la naturaleza despierta y vuelve, tras el invierno, a la vida. En la mitología griega aparece asociada frecuentemente con Afrodita, diosa del amor, y con las Gracias. Para los romanos, en cambio, la diosa de la primavera y de los frutos es Flora, antigua divinidad de la Italia central. Su culto se festejaba en el mes de abril y culminaba a primeros de mayo con celebraciones alegres en las que se daba rienda suelta al vitalismo y a la sensualidad. Ovidio nos cuenta cómo Cloris, acosada por Céfiro, se transformó en Flora y espiró flores que se diseminaron por el campo. Esta misma escena, con Venus en el centro y las tres Gracias y Mercurio a la izquierda, es la que pinta Botticelli en su famoso cuadro «La primavera», quizá la reproducción simbólica más conocida de esta estación.

Los árboles, las plantas, las flores son especialmente venerados y exaltados en los meses de abril y mayo. En la mentalidad popular, mayo es concebido como el mes por excelencia del florecimiento de la naturaleza, de las fiestas y del amor. No debe extrañarnos, por tanto, que estos tres elementos aparezcan fundidos con tanta frecuencia en muchas canciones y fiestas de tipo popular. En el famoso «Romance del prisionero» el mes de mayo no solo trae consigo la **exuberancia de la naturaleza** ("cuando los trigos encañan / y están los campos en flor, / cuando canta la calandria / y responde el ruiseñor"), sino que también se muestra como la época más propicia para **el amor** ("cuando los enamorados / van a servir al amor"), un período del año en el que, como admite la mujer del siguiente poema, resulta difícil contener la efervescencia de los sentidos:

> Ya florecen los árboles,
> Juan:
> mala seré de guardar.
> Ya florecen los almendros
> y los amores con ellos,
> Juan:
> mala seré de guardar.

En la poesía de todos los tiempos, pues, la primavera se asocia a la juventud y al despertar del amor, y simboliza asimismo la época en que una cosa o una persona están en el apogeo de su vigor y hermosura, como le sucede a la naturaleza en esta estación del año. De ahí que Juana de Ibarbourou exclame:

> Te amo y soy joven, huelo a primavera.
> Ese olor que sientes es de carne firme,
> de mejillas claras y de sangre nueva.
> ¡Te quiero y soy joven, por eso es que tengo
> las mismas fragancias de la primavera!

Los meses de primavera, con sus fiestas y romerías, en las que los jóvenes danzan y juegan, son por ello especialmente propicios para iniciarse en el amor:

> Perdida traigo la color:
> todos dicen que lo he de amor.
> Viniendo de la romería
> encontré a mi buen amor;
> pidiérame tres besicos:
> luego perdí la color.
> Dicen a mí que lo he de amor.

Una vez descubierto el amor, con frecuencia se apremia a los jóvenes a que aprovechen su edad para vivir y amar intensamente. Esta invitación al goce de la juventud, de la primavera de la vida, antes de que el transcurso del tiempo marchite la belleza y lozanía de los años mozos, ha dado lugar a uno de los tópicos más famosos de la poesía: el **carpe diem**. Puesto que el hombre, a diferencia de la naturaleza, que es cíclica, no conoce el retorno a la vida, debe aprovechar con intensidad la edad dorada de la juventud, que el tiempo se lleva sin remisión. De ahí la urgencia con que se incita a gozar del presente, que encontramos en tantos poetas, desde Horacio, de quien procede el nombre del tópico ("Vive el día de hoy. Atrápalo. / No fíes del incierto mañana", decía el poeta latino), hasta la poesía más reciente. Garcilaso, en un famosísimo soneto, luego recreado por Góngora y tantos otros, lo expresó de modo magistral:

> Coged de vuestra alegre primavera
> el dulce fruto, antes que el viento airado
> cubra de nieve la hermosa cumbre.

Este vitalismo puede aparecer como una invitación a seguir el ejemplo de la naturaleza y a fundirse con ella en su ceremonia primaveral de amor y vida, tal y como lo expresa Ricardo Molina:

> Bésame ahora que es primavera
> y el chamariz canta y vuela en un árbol,
> ahora, amor mío, que estamos en mayo
> y zumban en el aire las abejas,
> ahora que todo es hermoso y feliz,
> ahora y no mañana,
> ahora y no luego.

La primavera se asocia también a la **infancia**, al inicio de la vida. El niño y el poeta, como la primavera, renuevan el mundo con su mirada virginal y su palabra creadora. Con razón se ha dicho que los poetas conservan la capacidad de asombro del niño. Los **juegos verbales**, las adivinanzas, los trabalenguas, las canciones infantiles, las sorprendentes imágenes de la fantasía infantil tienen muchos puntos de contacto con la creación poética. Las vanguardias artísticas así lo entendieron, y reivindicaron lo espontáneo, lo vital, lo infantil. La mirada nueva e ingenua, maravillada y creadora del niño, late en las greguerías de Ramón Gómez de la Serna y en la poesía "creacionista" de Vicente Huidobro o de Gerardo Diego, a quien debemos el ingenioso poema «A, eme, o, erre»:

> «Amor» tiene cuatro letras.
> Vamos a jugar con ellas.
> ¿Lo ves? Ya estamos en «Roma».
> Por todas partes se va.
> Por todas partes se llega.

La infancia se suele presentar como una edad primaveral, como un paraíso donde reina la inocencia, la vida espontánea e inconsciente, el ideal puro, frente a la visión desengañada del mundo de los mayores. De ahí las emotivas «Nanas de la cebolla» que Miguel Hernández dedica a su hijo, o la nostalgia de la infancia a que responde el poema «Criaturas en la Aurora», de Vicente Aleixandre:

Por eso os amo, inocentes, amorosos seres mortales
de un mundo virginal que diariamente se repetía
cuando la vida sonaba en las gargantas felices
de las aves, los ríos, los aires y los hombres.

Antonio Machado, Juan Ramón Jiménez, Lorca y tantos otros poetas han tratado también con nostalgia, con dolor, la pérdida del paraíso de la infancia, edad que en el recuerdo se identifica siempre con la primavera.

El mundo de la infancia se recrea a menudo con ternura o se evoca con emocionada nostalgia. John Singer Sargent, «Clavel, lirio, lirio, rosa» (1886).

Y como en la primavera todo vuelve a la vida, esta estación del año resulta la más apropiada para simbolizar el impulso y el **proceso de creación**, un tema abordado insistentemente por numerosos poetas. Es necesario, en primer término, reavivar o despertar la inspiración, el genio creativo, tal y como nos recuerda Gustavo Adolfo Bécquer en su famosa alegoría del arpa:

> ¡Cuánta nota dormía en sus cuerdas,
> como el pájaro duerme en las ramas,
> esperando la mano de nieve
> que sabe arrancarlas!

Luego siguen los tanteos del aprendiz de poeta, quien a menudo se deja llevar por sus impulsos y emociones y no se somete a la disciplina de un trabajo esforzado y concienzudo: "Y son nuestros poemas / del todo imaginarios / —demasiado inexpertos", nos advierte Gil de Biedma; y es que, como concluye el poeta, "El arte es otra cosa / distinta. [...] // Aprender a pensar / en renglones contados / —y no en los sentimientos / con que nos exaltábamos". Más tajante todavía se muestra Juan Ramón Jiménez, para quien el poema es el resultado final de un lento y laborioso proceso de escritura y reescritura, de borradores que se desechan sucesivamente hasta llegar a

> una suprema forma, que eleve a lo imposible
> el alma, ¡oh poesía!, infinita, áurea, recta.

Para Juan Ramón, en la perfección del poema se refleja el ideal que el artista siempre persigue, ya que la poesía es el fruto maduro de su intento por desvelar la cara oculta de las cosas, su sentido más profundo. En el poema, como escribe Pedro Salinas, la realidad cobra su verdadera dimensión al ser "iluminada" por los "rayos" de la poesía:

> En esta luz del poema,
> todo,
> desde el más nocturno beso
> al cenital esplendor,
> todo está mucho más claro.

EL ARDOR DEL VERANO

El verano es la época de la siega y la recolección de los frutos. La naturaleza, que alcanza en esta estación su plenitud, colma al hombre con sus dones. Por eso, la personificación más común del verano es una mujer coronada de espigas maduras, con una hoz en una mano y el cuerno de la Abundancia en la otra. Ceres, o su precedente griega Deméter, es la divinidad que representa el poder creador de la naturaleza. En numerosas obras de arte aparece, siempre simbolizando el verano, como una matrona de abundante pecho, cabellos rubios y porte majestuoso.

El neoclasicismo del siglo XVIII y, sobre todo, el modernismo, con su preferencia por el cromatismo y la sensualidad, gustó de escenas estivales. Manuel Machado, Rubén Darío, o Salvador Rueda describieron con versos sonoros, plagados de sinestesias e imágenes llenas de color, la plenitud del verano. Escenas de playa, delicadas y luminosas, como las que pintó Sorolla, de siega y siesta, como las de Van Gogh, alegorías desbordantes de vida, frutos carnosos, noches radiantes embriagadas de olores —jazmín, galán de noche...—, fiestas que celebran el final de la recolección... La literatura y el arte han asociado siempre el verano con la abundancia, con la sensualidad desbordante, con la plenitud física y vital. Es por ello la edad de la pasión, de la lucha por el éxito y el triunfo, de la aventura y la rebeldía.

El fuego, el calor, rasgos tan característicos del verano, son también símbolos de la **pasión amorosa**. Para Bécquer, su alma y la de la amada son

> Dos rojas lenguas de fuego
> que, a un mismo tronco enlazadas,
> se aproximan, y al besarse
> forman una sola llama.

Vicente Aleixandre, otro de los grandes poetas del amor en la lírica española, en su deseo de fundirse con el ser amado en un amor total, integrador, destructor, recurre asimismo a la imagen del fuego:

> Tu forma externa, diamante o rubí duro,
> brillo de un sol que entre mis manos deslumbra,
> cráter que me convoca con su música íntima,
> con esa indescifrable llamada de tus dientes.
>
> Muero porque me arrojo, porque quiero morir,
> porque quiero vivir en el fuego, porque este aire de fuera
> no es mío, sino el caliente aliento
> que si me acerco quema y dora mis labios desde un fondo.

Fuego, pasión, ardor... verano. Lorca, al presentar la incestuosa pasión de Amnón por su hermana Thamar, elige con gran acierto una ambientación estival:

> La luna gira en el cielo
> sobre las tierras sin agua
> mientras el verano siembra
> rumores de tigre y llama.

El estallido de luz y vida que caracteriza el verano parece convertir esta estación del año en la más apropiada para dar cabida al tema del **trabajo**. El verano es la época de la siega, de la trilla, de la vendimia, labores que, además de vincularse desde antiguo con el amor ("A la viña, viñadores, / que sus frutos de amores son", escribe Lope de Vega), son las propias de una sociedad rural en esta época del año. Sin embargo, la sociedad urbana en que a menudo se desenvuelve la vida del escritor le hace añorar una forma de vida más apegada a la naturaleza, que siente como más sencilla y auténtica, más sabia, más próxima a las raíces del ser humano. De ahí, pues, la nostalgia del poeta, que

> quisiera haber sabido con legona
> mullir la tierra oscura, abrir las balsas
> que esparcerán su estela murmurante
> por los campos en flor...

Esa añoranza de un mundo rural, que constituye de hecho un tópico literario de larga tradición, convive no obstante en el poeta moderno con la admiración que expresa por el **progreso humano,** que a menudo consiste precisamente en dominar una naturaleza hostil a los designios del

EL ARDOR DEL VERANO

En una sociedad tradicional, la siega es una de las labores agrícolas con las que a menudo se asocia el verano. Vincent Van Gogh, «La siesta» (1890).

hombre. Nada debe sorprendernos, pues, que el poeta cante a inventos tan útiles como las máquinas, el radiador («Radiador y fogata») o la bombilla. En «35 bujías» Pedro Salinas exalta el prodigio de la luz eléctrica, prisionera, como una princesa artificial, en el castillo de la bombilla:

> Yo la veo en su claro
> castillo de cristal, y la vigilan
> —cien mil lanzas— los rayos
> —cien mil rayos— del sol. Pero de noche,
> cerradas las ventanas
> para que no la vean
> —guiñadoras espías— las estrellas,
> la soltaré. (Apretar un botón).
> Caerá toda de arriba
> a besarme, a envolverme
> de bendición, de claro, de amor, pura.

La luz predominante en el verano es, no obstante, la del sol, un astro representativo de los dioses, reyes y héroes, que son muchas veces exaltados al rango solar. El heroísmo, el afán aventurero, el espíritu inconformista y rebelde, los ideales de justicia y solidaridad, de transformación del mundo, se asocian siempre a la juventud, la edad solar por excelencia, en la que el ser humano alcanza su total desarrollo físico. Y el poeta ensalza el afán de **rebeldía** e **independencia** del hombre frente a una sociedad clasista e injusta, cuyos valores desafía abiertamente. Un buen ejemplo de esa actitud rebelde es el pirata de Espronceda, quien proclama a los cuatro vientos:

> Que es mi barco mi tesoro,
> que es mi dios la libertad,
> mi ley, la fuerza y el viento,
> mi única patria, la mar.

Las grandes epopeyas griegas —la *Ilíada*, la *Odisea*—, los cantares de gesta medievales —el *Cantar de Mio Cid*, la *Canción de Roldán*—, el inconformismo romántico del siglo XIX —Lord Byron, Espronceda—, o la poesía social y revolucionaria de nuestro siglo —César Vallejo, Pablo Neruda, Miguel Hernández, Blas de Otero...— han expresado en apasionados y ardorosos versos los más nobles ideales, los más profundos sentimientos de **justicia** y **solidaridad** que el ser humano puede albergar. Frente a la injusticia que reina en el mundo, la voz del poeta se hace eco de los sufrimientos humanos y su poesía se convierte en un grito clamoroso de **lucha contra la opresión** o la explotación humanas:

> Yo vengo a hablar por vuestra boca muerta. [...]
> Acudid a mis venas y a mi boca.
> Hablad por mis palabras y mi sangre.

Pero si los hombres son capaces de nobles sentimientos, también lo son del odio, de la maldad y la destrucción. Esta capacidad humana de crear y destruir, como el fuego, siempre ha turbado el corazón humano. La poesía, abierta a expresar cualquier sentimiento o emoción que nos afecte, nos

La solidaridad del poeta con los más desfavorecidos y la denuncia de la injusticia y la opresión social es una constante de la poesía moderna. Así se refleja en «Cuerda de presos», óleo de José María López Mezquita (1883-1954).

transmite ambas realidades. La **guerra**, uno de los cuatro jinetes del Apocalipsis, con su cortejo de muerte, odio, crueldad y destrucción, que ha acompañado al hombre a lo largo de la historia, como una maldición o una necesidad insoslayable, es otro de los grandes temas de la poesía. A veces, desde una perspectiva épica, se defiende la necesidad de la guerra para recuperar el honor y la libertad o para combatir la opresión ("Galopa, jinete del pueblo, / caballo cuatralbo, / caballo de espuma. // ¡A galopar, / a galopar, / hasta enterrarlos en el mar!", canta Rafael Alberti); más a menudo, sin embargo, se describen las terribles consecuencias de esa locura humana que es la guerra, como en el poema que Miguel Hérnandez compuso tras el asesinato de Lorca:

> Atraviesa la muerte con herrumbrosas lanzas,
> y en traje de cañón, las parameras
> donde cultiva el hombre raíces y esperanzas,
> y llueve sal, y esparce calaveras.

Miguel Labordeta, que como tantos hombres y mujeres en el siglo XX vio su infancia y adolescencia destruidas por una guerra que no entendía, manifiesta en el poema titulado «1936» el estupor de las víctimas:

> ... y vimos asombrados con inocente pupila
> el terror de los fusilados amaneceres
> las largas caravanas de camiones desvencijados
> en cuyo fondo los acurrucados individuos
> eran llevados a la muerte como acosada manada
> era la guerra el terror los incendios la patria suicidada
> eran los siglos podridos reventando.

Pero frente a la guerra y sus desastres, que la pintura también ha reflejado, desde las macabras escenas de Brueghel hasta el «Guernica» de Picasso, sin olvidarnos de las pinturas de Goya, otros poetas han mostrado su fe en el poder regenerador de la vida, que siempre vuelve a brotar, como afirma Jorge Guillén:

> Pero entre tantas muertes y catástrofes
> algo subsiste sin cesar feroz,
> el más feroz de todos los poderes:
> vida, vida sin fin.

Este mismo poder, que parece extinguirse al final del verano, una vez recogidos los frutos y ya secos los campos, volverá igualmente a hacer brotar de nuevo los árboles y las plantas con la llegada de una nueva primavera. Pero en tanto llega esta, queda un largo período —el otoño, el invierno— no menos importante en el ciclo de la naturaleza y en la vida de los hombres.

LAS HOJAS SECAS DEL OTOÑO

El otoño siempre se ha asociado a la plenitud —que lleva en sí su propia decadencia— al inicio de la vejez. Es frecuente oír hablar del otoño de la vida, de los frutos otoñales o tardíos, del final de una época... En su libro de poemas *El otoño de las rosas* Francisco Brines escribe:

> Vives ya en la estación del tiempo rezagado:
> lo has llamado el otoño de las rosas.
> Aspíralas y enciéndete. Y escucha,
> cuando el cielo se apague, el silencio del mundo.

Para algunos poetas, como Juan Ramón Jiménez, el otoño es el símbolo de la **edad provecta**, el logrado punto final de un proceso de **madurez** en que las ansias de perfección, plenitud o totalidad han sido por fin satisfechas, y el poeta se convierte así en el "otoñado":

> Estoy completo de naturaleza,
> en plena tarde de áurea madurez,
> alto viento en lo verde traspasado.
> Rico fruto recóndito, contengo
> lo grande elemental en mí (la tierra,
> el fuego, el agua, el aire), el infinito.

El otoño es sin duda la época de madurez y plenitud que el poeta moguereño desea, pero es también una época de cambio, que participa por una parte del esplendor del verano, de sus últimos frutos, y por otra anuncia el invierno. Quizá por ello los primitivos griegos, los indios y los árabes solo distinguían tres estaciones: primavera, verano e invierno. Asimismo, tres son las edades mínimas que se han distinguido en la vida del hombre: la infancia, la juventud y la vejez. Los griegos instituyeron el otoño, y ya Galeno distinguía cuatro edades, incorporando la edad adulta.

La representación más común del otoño es precisamente la de un hombre maduro coronado de pámpanos y racimos, o la de una mujer con un cuerno de la abundancia lleno de frutas. Esta figura femenina se asocia a la diosa romana Pomona, quien presidía los cambios del año. También las figuras de un joven acariciando a un perro, o de un anciano con un racimo en la mano derecha y un libro en la izquierda, aparecen asociadas al otoño.

La vendimia, entre las labores agrarias, es la que con más frecuencia simboliza el otoño, aunque, como ya hemos visto, también representa el final del verano. Y tras la vendimia, los primeros fríos, las hojas secas, las castañas, el Día de Difuntos... Decir otoño es decir **melancolía, recogimiento, meditación**. Se trata de un concepto cargado de intensas connotaciones de tristeza. El simbolismo, que buscaba detrás del mundo sensible una realidad profunda que solo podía ser captada por la intuición poética, hará del otoño un auténtico paisaje anímico. Así lo ve, por ejemplo, el poeta modernista Francisco Villaespesa, en «Jardín de otoño»:

> Corazón, corazón martirizado
> por todos los dolores...
> Un jardín otoñal abandonado,
> sin aves y sin flores.
> Las largas avenidas de las citas,
> hoy mudas y desiertas,
> recuerdan, con su olor a hojas marchitas,
> un cementerio de esperanzas muertas.

Baudelaire y Verlaine en Francia, o Rubén Darío, Juan Ramón Jiménez y Antonio Machado, los poetas más ilustres del simbolismo hispano, han contribuido de una forma decisiva a hacer del otoño una estación esencialmente poética, con hondas connotaciones espirituales y meditativas. El paso del tiempo, la caducidad de las cosas terrenales, el culto a los muertos, el recogimiento en el hogar, todo parece contribuir a abismarnos en nuestro interior, a reflexionar sobre **el fluir del tiempo**, otro de los grandes temas de la lírica. Rubén Darío, como tantos otros poetas cuando sienten llegar el otoño de la vida, exclama abrumado por la **nostalgia**:

> Juventud, divino tesoro,
> ¡ya te vas para no volver!
> Cuando quiero llorar, no lloro...,
> y a veces lloro sin querer.

De igual modo, Antonio Machado, cuando la tarde se oscurece y el camino de la vida se enturbia, añora la espina de la pasión que un día logró arrancarse para no sufrir más:

> Mi cantar vuelve a plañir:
> «Aguda espina dorada,
> quién te pudiera sentir
> en el corazón clavada».

En la edad madura se empieza a volver la vista atrás y se recuerda con nostalgia el pasado. József Rippl-Rónai, «Cuando se vive de los recuerdos» (1904).

El otoño es también el momento de hacer balance de la cosecha, de los frutos de la vida. Este balance puede ser positivo y producir satisfacción o autocomplacencia al haber logrado las metas que uno se proponía, pero es más frecuente, y quizá más humana, la sensación de **desengaño**, de **fracaso**, que puede llevar a **desear la muerte**, bien por una derrota, como la de don Rodrigo, el último rey godo, bien por el sufrimiento o la humillación de la miseria, como la del viejo labrador del poema de Vicente Medina:

> No te canses, que no me remuevo;
> anda tú, si quieres, y éjame que duerma,
> ¡a ver si es pa siempre!... ¡Si no me espertara!...
> ¡Tengo una cansera!...

Llegado el otoño de su vida, no es infrecuente percibir en el ser humano un sentimiento de **angustia** al ver cómo se acerca la muerte. Los poetas del Barroco y, entre ellos, Quevedo, lo han expresado en versos patéticos:

> Ya no es ayer; mañana no ha llegado;
> hoy pasa, y es, y fue, con movimiento
> que a la muerte me lleva despeñado.

En el siglo XX, el existencialismo expresará de forma incluso más atormentada el destino mortal del hombre. Unamuno, Blas de Otero o Dámaso Alonso encontraron en la poesía un medio para liberar su angustia interior:

> Y paso largas horas preguntándole a Dios,
> preguntándole por qué se pudre lentamente mi alma,
> por qué se pudren más de un millón de cadáveres
>   en esta ciudad de Madrid,
> por qué mil millones de cadáveres se pudren
>   lentamente en el mundo.

La **ironía**, el **humor**, el **sarcasmo**, también tienen mucho que ver con una actitud desengañada ante la vida. Se trata de recursos propios de la edad madura, cuando se está un poco de vuelta de todo. Por eso no debe extrañarnos que Quevedo sea uno de los poetas más representativos de esta actitud, aunque no le fuera a la zaga su contemporáneo Góngora:

> *Ándeme yo caliente*
> *y ríase la gente.*
> Traten otros del gobierno
> del mundo y sus monarquías,
> mientras gobiernan mis días
> mantequillas y pan tierno,
> y las mañanas de invierno
> naranjada y agua ardiente,
> *y ríase la gente.*

Entre los poetas actuales, pocos han mostrado una actitud tan escéptica y sarcástica ante el ser humano como Ángel González, quien, en «Introducción a las fábulas para animales», alecciona a "aves, peces, celentéreos, mamíferos y amebas" para que tomen ejemplo del comportamiento incivil del hombre:

> Ya nuestra sociedad está madura,
> ya el hombre dejó atrás la adolescencia
> y en su vejez occidental bien puede

> servir de ejemplo al perro
> para que el perro sea
> más perro,
> y el zorro más traidor,
> y el león más feroz y sanguinario...

El desencanto y el escepticismo que a menudo sobreviene con la edad madura va acompañado no pocas veces del desinflarse del globo de la vanidad. Por eso el otoño de la vida parece el periodo más apropiado para volver los ojos a las **cosas más humildes** y sencillas, y cantar así a objetos tradicionalmente tan poco "poéticos" como un cubo de basura, unos calcetines o el destino de una humilde piedra, con que se identifica León Felipe:

> Así es mi vida,
> piedra,
> como tú. Como tú,
> piedra pequeña,
> como tú,
> piedra ligera.

¿Y el amor? También en el otoño el **amor** está presente. Su rostro sereno suele inundar esta etapa de la vida. La intensa unión entre los amantes está ahora desprovista del irreflexivo ardor pasional del estío, y la plenitud del gozo carece ya de la ceguera y el atolondramiento de la juventud. Como escribe el poeta mejicano González Martínez: "te siento / tan cerca de mi propio pensamiento / y hay en la posesión tan honda calma...".

LOS FRÍOS DEL INVIERNO

El frío y la vejez son dos de los rasgos característicos de la representación iconográfica del invierno. La figura de un anciano envuelto en pieles, con barba y cabellos blancos, calentándose junto a un brasero o una hoguera, nos evoca inmediatamente el invierno, la última etapa de la vida. En la mitología clásica el invierno lo personifica el dios Saturno, representado a menudo como un hombre viejo y desnudo, que lleva una hoz en la mano y un reloj de arena en la otra, símbolos de la muerte y el paso del tiempo. Pero es también usual asociar esta estación al juego o al ocio. Escenas invernales de niños jugando en la nieve, o patinando sobre un río helado, como las famosas del pintor flamenco Brueghel, o de hombres y mujeres bebiendo y jugando a las cartas, al amor de un buen fuego, nos hablan de cordialidad, de vida gozosa.

Sin embargo, es más frecuente vincular el invierno con el **final de nuestras vidas**, y no tanto porque el invierno represente la muerte, sino porque el hombre, a diferencia de la naturaleza, no vuelve a renacer con la primavera. Rosalía de Castro nos muestra este contraste:

> ¡Ah!, si el invierno triste de la vida,
> como tú de las flores y los céfiros,
> ¡también precursor fuera de la hermosa
> y eterna primavera de mis sueños!

La poetisa gallega o Bécquer nos ofrecen a veces una visión triste y desolada del amor, cuya nota dominante es el fracaso. Y es que, si el invierno representa el fin de la vida, en él podemos situar también **el ocaso del amor**. La ruptura y la separación, la pérdida del amor traen consigo el sufrimiento y el dolor, sentimientos donde se refugian los últimos rescoldos del amor; el dolor es entonces, como quiere Salinas, "la última forma / de amar", la "prueba" irrefutable "de que aún te estoy queriendo". Pero estas ascuas del amor acaban siendo aventadas por el olvido ("Es tan corto el amor, y es tan largo el olvido", se lamenta Neruda), una desoladora sensación hermana de la nada y la muerte: eso es lo que para Bécquer significa la pérdida del amor:

> Como se arranca el hierro de una herida
> su amor de las entrañas me arranqué,
> aunque sentí al hacerlo que la vida
> me arrancaba con él.

Y si la falta de correspondencia amorosa les hacía desear la muerte a los poetas cortesanos, Luis Cernuda, huér-

El frío, la nieve, la soledad son algunas constantes de cualquier paisaje invernal. Maurice Galbraith Cullen, «Invierno en Moret» (1895).

fano de amor, ansía también morir o, lo que es lo mismo, vivir "donde habite el olvido", libre al fin del insatisfecho deseo de amar que tanto dolor le ha causado.

La angustia por el **paso del tiempo**, por **la muerte** y **el más allá** está en el origen de las religiones y, podríamos añadir sin temor a equivocarnos, en el de la propia poesía. Y es que, si el lenguaje poético es la manifestación más profunda y sincera del corazón humano, ¿qué realidad, qué misterio puede angustiarle más que el del más allá? ¿Se acaba todo con la muerte? ¿Hay otra vida después? A lo largo de los tiempos, la poesía nos ha dejado desasosegantes muestras de esta inquietud y de las actitudes que el hombre ha ido adoptando ante ella a lo largo de la historia.

La concepción cristiana, tan presente en los autores medievales o en los místicos, subordina la vida terrenal a la vida eterna, presentando aquella como un camino para esta, la verdadera vida. Jorge Manrique, en sus famosas *Coplas a la muerte de su padre*, sintetiza en sobrios versos estas ideas consoladoras:

> Este mundo es el camino
> para el otro, que es morada
> sin pesar;
> mas cumple tener buen tino
> para andar esta jornada
> sin errar.
>
> Partimos cuando nacemos,
> andamos mientras vivimos,
> y llegamos
> al tiempo que fenecemos;
> así que cuando morimos
> descansamos.

Si la vida verdadera es la que esperamos tras la muerte, la vida en este mundo no es vida; de ahí la paradoja de Santa Teresa: "Vivo sin vivir en mí, / y tan alta vida espero, / que muero porque no muero".

Pero no siempre se ha tenido esta fe ni tanta seguridad en la existencia de otra vida tras la muerte. Con el racionalismo, la crisis religiosa abruma a muchos poetas, que expresarán en angustiados versos sus dudas y vacilaciones.

> ¿Vuelve el polvo al polvo?
> ¿Vuela el alma al cielo?
> ¿Todo es, sin espíritu,
> podredumbre y cieno?
> ¡No sé; pero hay algo
> que explicar no puedo,
> algo que repugna,
> aunque es fuerza hacerlo,
> a dejar tan tristes,
> tan solos, los muertos!,

se pregunta Bécquer en un claro ejemplo del dilema entre espiritualismo y materialismo tan característico de la poesía del siglo XIX. Otros poetas, como Unamuno o Blas de Otero, se quejan, en versos amargos y atormentados, del silencio de Dios ante el clamor angustiado del hombre, que le exige una respuesta a sus dudas:

> Luchando, cuerpo a cuerpo, con la muerte,
> al borde del abismo, estoy clamando

> a Dios. Y su silencio, retumbando,
> ahoga mi voz en el vacío inerte.

Desde luego, caben también otras actitudes menos dramáticas, desde la reencarnación —el eterno retorno— a la aceptación impasible de la muerte como un final definitivo, que no contempla otra vida distinta tras la muerte. Francisco Brines, en su poema «Alocución pagana», sintetiza esta visión atea de la vida:

> ¿Es que, acaso, estimáis que por creer
> en la inmortalidad,
> os tendrá que ser dada?
> Es obra de la fe, del egoísmo
> o la desolación.
> Y si existe, no importa no haber creído en ella:
> respuestas ignorantes son todas las humanas
> si a la muerte interroga.

Haya o no vida tras la muerte, existan cielo e infierno, Dios o la nada, el hombre seguirá formulándose preguntas, seguirá buscando respuestas a una realidad evidente, desconcertante, temida e ineludible: la muerte. La poesía, desde sus mismos orígenes, al igual que ha dado cauce al gozo de la vida y al amor, se ha mostrado también especialmente sensible al dolor y el sufrimiento humanos. De ahí que en la literatura universal proliferen las **elegías**, composiciones poéticas en las que con frecuencia se manifiesta el dolor por la **muerte de un ser querido**.

Cada época ha expresado este dolor de manera distinta. Jorge Manrique, en las ya citadas *Coplas*, nos ofrece una lección moral sobre el bien vivir y el bien morir, en consonancia con los valores cristianos. Otros escritores, en cambio, nos presentan un mundo regido por fuerzas irracionales e injustas que introducen el desorden en el mundo.

Casi todos los grandes poetas han dedicado sentidos versos a expresar su dolor por la muerte de un ser querido. Así lo hizo Garcilaso a la muerte de su amada Isabel Freyre o Lope de Vega cuando falleció su hijo Carlos Félix a la temprana edad de siete años. Meléndez Valdés, Espronceda, en su famoso «Canto a Teresa», Zorrilla, con motivo del entierro de Larra, o Bécquer, con el tono desgarrado y angustiado que caracteriza el romanticismo, compusieron espléndidos poemas elegiacos.

La poesía española del siglo XX abunda también en bellísimas elegías. Dos de ellas —el «Llanto por Ignacio Sánchez Mejías», de Federico García Lorca, y la «Elegía» a su amigo Ramón Sijé, de Miguel Hernández— se hallan entre los poemas más célebres del pasado siglo. Este subgénero, sin duda, seguirá cultivándose, pues la muerte, junto con el amor, son los dos grandes misterios que alimenta la poesía desde los más remotos tiempos.

EL CICLO DE LA VIDA

Amor y Muerte —Eros y Tánatos— rigen la vida del hombre y de la naturaleza. En un ciclo que se repite invariablemente, la Vida —no así el individuo— se regenera y perpetúa. Las cuatro estaciones, como hemos visto, es uno de los símbolos a que recurre con más frecuencia la poesía y, en general, el arte —recordemos, a modo de ejemplo, *Las cuatro estaciones* de Vivaldi, las cuatro *Sonatas* de Valle-Inclán o los cuadros de Arcimboldo, Poussin, Rubens, Watteau, Goya, dedicados al mismo tema— para expresar el incesante fluir de la naturaleza y la vida. Las edades del hombre —infancia, juventud, madurez, vejez—, tan relacionadas con las estaciones, también están siempre presentes en el sentimiento poético de todas las épocas.

Pero hay otros símbolos para expresar el transcurrir de la vida humana. La cuna y la sepultura —título de una obra de Quevedo—, con su semejanza, incluso fónica, representan el comienzo y el final, la infancia y la vejez como extremos que se juntan, que se confunden. El río, el camino, el reloj, las distintas fases de la luna o partes del día, son símbolos muy frecuentes del fluir de la vida humana, del paso del tiempo. Vicente Huidobro, en su poema «El molino», alude a muchos de ellos. La estructura de un soneto, como

El dolor por la muerte de un ser querido se expresa en uno de los subgéneros poéticos más frecuentados: la elegía. «El dolor», de E. Chicharro (1873-1949).

el de Manuel Machado que recogemos en nuestra antología, puede también expresar el ciclo de la vida, el recorrido que nos lleva desde la infancia a la vejez, y constituir un símbolo elocuente del misterio de la existencia, del enigma de la vida y la muerte, de la poesía.

ESTA ANTOLOGÍA

La presente antología lírica no pretende más que ofrecer una muestra —incompleta, parcial— de las infinitas posibilidades que tiene el lenguaje poético para transmitir las verdades del corazón, las alegrías y las penas que los seres humanos han sentido y seguirán sintiendo en su breve existencia.

Como individuos concretos somos distintos, cambiantes, mas la esencia de nuestros sentimientos, la experiencia de la vida en sus distintas edades, apenas ha variado desde que la especie humana existe. La poesía lo atestigua.

Las múltiples facetas de la variada experiencia humana encuentran acomodo en este libro: junto al amor y la muerte, los dos temas más frecuentados de la historia literaria, en él hallaremos poemas sobre la infancia, el juego y el acto creativo; si el trabajo y el progreso son vivencias fundamentales de todo ser humano, aún lo son más la libertad, la guerra y la solidaridad, la nostalgia, el dolor, la ironía... El lector debe saber que cualquier aspecto de la experiencia humana puede ser un asunto poético: de ahí que además de poemas dedicados a Dios o la amada, en esta antología hallará composiciones poéticas que cantan al sudor, a las máquinas o a un humilde calcetín, asuntos todos ellos tratados con igual dignidad literaria.

A la hora de elaborar la presente selección poética hemos tenido muy en cuenta la reacción de los lectores potenciales del libro. Las posibles dificultades de interpretación de algunos poemas han sido salvadas con una meticulosa anotación, a partir de la cual puede releerse el texto poético, ya en posesión de todas sus claves. Nuestra intención, en fin, no ha sido otra que la de iniciar a los jóvenes en el difícil y exquisito arte de la mejor poesía, con textos accesibles a su edad y sensibilidad, pero sin renunciar a la inclusión de poemas o perspectivas poéticas que, a pesar de que pudieran resultarles chocantes, enriquezcan y amplíen su visión de la poesía. Quien sienta la necesidad de seguir gozando del variado mundo de experiencias, emociones y sentimientos que encierra la poesía de todos los tiempos, no tiene más que abismarse en el rico universo de los poetas aquí incluidos y de otros muchos que, por lo limitado de toda selección, no están presentes.

Las cuatro estaciones
Invitación a la poesía

PRIMAVERA

La naturaleza

[1]

En las mañanicas
del mes de mayo
cantan los ruiseñores,
retumba el campo.

En las mañanicas,
como son frescas,
cubren ruiseñores
las alamedas.

Ríense las fuentes
tirando perlas
a las florecillas
que están más cerca.

Vístense las plantas
de varias sedas,
que sacar colores
poco les cuesta.

Los campos alegran
tapetes varios,[1]
cantan los ruiseñores,
retumba el campo.[1]

LOPE DE VEGA
El robo de Dina, 1638

---

[1] El sentido es: 'alfombras (*tapetes*) de diversos colores (*varios*) alegran el campo', en alusión, naturalmente, a las flores.

[1] En el ciclo de las estaciones, mayo es el mes en que la naturaleza despierta y vuelve a la vida. Lope de Vega, cuya obra dramática y lírica tantas veces se hace eco de la tradición popular, nos presenta en estas seguidillas un alegre y sensual cuadro de la naturaleza en las mañanas de mayo.

[2]

LA PRIMAVERA

> ¡Ay, qué relumbres y olores!
> ¡Ay, cómo ríen los prados!
> ¡Ay, qué alboradas se oyen!
>
> ROMANCE POPULAR

En mi duermevela matinal, me malhumora una endiablada chillería de chiquillos. Por fin, sin poder dormir más, me echo, desesperado, de la cama. Entonces, al mirar el campo por la ventana abierta, me doy cuenta de que los que alborotan son los pájaros.

Salgo al huerto y canto gracias al Dios del día azul. ¡Libre concierto de picos, fresco y sin fin! La golondrina riza, caprichosa, su gorjeo en el pozo;[1] silba el mirlo[2] sobre la naranja caída; de fuego, la oropéndola charla, de chaparro en chaparro;[3] el chamariz[4] ríe larga y menudamente en la cima del eucalipto; y, en el pino grande, los gorriones discuten desaforadamente.

¡Cómo está la mañana! El sol pone en la tierra su alegría de plata y de oro; mariposas de cien colores juegan por todas partes, entre las flores, por la casa —ya dentro, ya fuera—, en el manantial. Por doquiera,[5] el campo se abre en estallidos, en crujidos, en un hervidero de vida sana y nueva.

Parece que estuviéramos dentro de un gran panal de luz, que fuese el interior de una inmensa y cálida rosa encendida.[1]

JUAN RAMÓN JIMÉNEZ
Platero y yo, 1914

---

1 *riza su gorjeo*: hace quiebros con la voz en la garganta.
2 *mirlo*: pájaro de plumaje negro o pardo oscuro.
3 *oropéndola*: pájaro de plumaje amarillo (por eso lo llama *de fuego*) con las alas y la cola negras; *chaparro*: planta de encina o de roble que crece formando matorral en vez de árbol.
4 *chamariz*: pájaro de plumaje verdoso por encima y amarillento por el pecho.
5 *por doquiera*: por todas partes.

1 La primavera es la estación en que la naturaleza se muestra en todo su esplendor. Los sonidos, colores y olores en que estalla la primavera inundan de sensualidad la prosa poética de Juan Ramón Jiménez, plagada de aliteraciones y otros recursos fónicos.

Una canción para la infancia

[3]

A MARGARITA DEBAYLE[1]

Margarita, está linda la mar,
y el viento
lleva esencia sutil de azahar;
yo siento
en el alma una alondra cantar:
tu acento.[1]
Margarita, te voy a contar
un cuento.

* * *

Este era un rey que tenía
un palacio de diamantes,
una tienda hecha del día
y un rebaño de elefantes.[2]

Un kiosco de malaquita,[2]
un gran manto de tisú,[3]
y una gentil princesita,
tan bonita,
Margarita,
tan bonita como tú.

Una tarde la princesa
vio una estrella aparecer;

---

1 *tu acento*: el sonido de tu voz.
2 *kiosko*: templete, pequeña construcción de estilo oriental consistente en un techo sostenido a veces por varias columnas y utilizado para descansar, tomar el fresco, etc.; la *malaquita* es una piedra preciosa de color verde.
3 *tisú*: tela de seda con costuras de oro o plata.

1 Margarita Debayle era hija del médico nicaragüense Luis Henry Debayle, compañero de colegio y amigo íntimo de Rubén Darío.
2 El cuento que el poeta narra para la niña está ambientado en una atmósfera vagamente oriental, característica de los relatos de *Las mil y una noches*, pero también del movimiento modernista al que perteneció Rubén Darío.

la princesa era traviesa
y la quiso ir a coger.

La quería para hacerla
decorar un prendedor,[4]
con un verso y una perla,
una pluma y una flor.

Las princesas primorosas
se parecen mucho a ti.
Cortan lirios, cortan rosas,
cortan astros. Son así.

Pues se fue la niña bella,
bajo el cielo y sobre el mar,
a cortar la blanca estrella
que la hacía suspirar.

Y siguió camino arriba,
por la luna y más allá;
mas lo malo es que ella iba
sin permiso del papá.

Cuando estuvo ya de vuelta
de los parques del Señor,[3]
se miraba toda envuelta
en un dulce resplandor.

Y el rey dijo: «¿Qué te has hecho?
Te he buscado y no te hallé;
¿y qué tienes en el pecho
que encendido se te ve?»

La princesa no mentía,
y así, dijo la verdad:
«Fui a cortar la estrella mía
a la azul inmensidad.»

---

4 *prendedor*: broche.

3 Esto es, 'del cielo estrellado de Dios'.

Y el rey clama: «¿No te he dicho
que el azul no hay que tocar?
¡Qué locura! ¡Qué capricho!
El Señor se va a enojar.»[4]

Y dice ella: «No hubo intento:[5]
yo me fui no sé por qué;
por las olas y en el viento
fui a la estrella y la corté.»

Y el papá dice enojado:
«Un castigo has de tener:
vuelve al cielo, y lo robado
vas ahora a devolver.»

La princesa se entristece
por su dulce flor de luz,
cuando entonces aparece
sonrïendo el Buen Jesús.

Y así dice: «En mis campiñas
esa rosa le ofrecí:
son mis flores de las niñas
que al soñar piensan en Mí.»

Viste el rey ropas brillantes,
y luego hace desfilar
cuatrocientos elefantes
a la orilla de la mar.

La princesita está bella,
pues ya tiene el prendedor

---

5 *no hubo intento*: no fue mi intención [enojar a Dios].

4 La imaginación de la niña vuela tan alto que hasta se atreve a acercarse a los "parques del Señor" y cortar allí la "blanca estrella" que la ilumina interiormente; el "pecho encendido" de la niña es símbolo de la verdad divina que ha alcanzado, pero, sobre todo, de la fantasía, la belleza o la poesía, tan alejadas del mundo de los adultos, a los que representa el Rey; por esa razón se enoja ("¿No te he dicho / que el azul no hay que tocar?") y amenaza a su hija con un castigo.

en que lucen, con la estrella,
verso, perla, pluma y flor.

* * *

Margarita, está linda la mar,
y el viento
lleva esencia sutil de azahar:
tu aliento.

Ya que lejos de mí vas a estar,
guarda, niña, un gentil pensamiento
al que un día te quiso contar
un cuento.

Rubén Darío
Poema del Otoño y otros poemas, 1910

[4]

[NANAS DE LA CEBOLLA][1]

La cebolla es escarcha
cerrada y pobre:
escarcha de tus días
y de mis noches.
5   Hambre y cebolla:
hielo negro y escarcha
grande y redonda.[2]

En la cuna del hambre
mi niño estaba.
10 Con sangre de cebolla
se amamantaba.
Pero tu sangre
escarchaba de azúcar
cebolla y hambre.[3]

15 Una mujer morena,
resuelta en luna,
se derrama hilo a hilo
sobre la cuna.
Ríete, niño,
20 que te tragas la luna
cuando es preciso.[4]

---

[1] Miguel Hernández compuso este poema en la cárcel, en septiembre de 1939, tras ser detenido por su activa militancia política durante la guerra civil española. El poema lo escribió tras recibir una carta de su esposa, en que ella le habla de los dientes que le han salido ya a su hijo y de la penuria en que viven, hasta el punto de que la madre solo tiene para comer pan y cebolla. "El olor de la cebolla que comes", le contesta Miguel, "me llega hasta aquí, y mi niño se sentirá indignado de mamar y sacar zumo de cebolla en vez de leche. Para que lo consueles, te mando estas coplillas que le he hecho".

[2] El *hambre* es un *hielo negro* que se sacia con la leche de la madre, quien se alimenta solo de *cebolla*, cuyo jugo es blanco como la *escarcha*, y esta, a su vez, fría como el *hielo negro* del hambre.

[3] 'Pero tu sangre [la de la madre] convertía en *azúcar* ['en leche'], blanco como la escarcha, la cebolla y el hambre'.

[4] 'Una mujer morena [la esposa de Miguel Hernández lo era], convertida en luna [símbolo femenino], da de mamar al niño (*se derrama hilo a hilo...*), que se traga *la luna* ['la mujer', pero aquí también 'el pecho']'.

Alondra de mi casa,
ríete mucho.
Es tu risa en los ojos
la luz del mundo.
Ríete tanto
que en el alma, al oírte,
bata el espacio.

Tu risa me hace libre,
me pone alas.
Soledades me quita,
cárcel me arranca.
Boca que vuela,
corazón que en tus labios
relampaguea.

Es tu risa la espada
más victoriosa.
Vencedor de las flores
y las alondras.
Rival del sol,
porvenir de mis huesos
y de mi amor.

La carne aleteante,
súbito el párpado,
y el niño como nunca
coloreado.
¡Cuánto jilguero
se remonta, aletea,
desde tu cuerpo!

Desperté de ser niño.
Nunca despiertes.
Triste llevo la boca.
Ríete siempre.[5]
Siempre en la cuna,

---

[5] La risa del niño ha de servir para contrarrestar las duras condiciones de vida que el poeta ha de soportar en la cárcel; de ahí las constantes referencias a la libertad ("Tu risa me hace libre"), al vuelo, los pájaros, la luz o el aire.

defendiendo la risa
pluma por pluma.

Ser de vuelo tan alto,
tan extendido,
que tu carne parece
cielo cernido.
¡Si yo pudiera
remontarme al origen
de tu carrera!

Al octavo mes ríes
con cinco azahares.
Con cinco diminutas
ferocidades.
Con cinco dientes
como cinco jazmines
adolescentes.

Frontera de los besos
serán mañana,
cuando en la dentadura
sientas un arma.
Sientas un fuego
correr dientes abajo
buscando el centro.

Vuela niño en la doble
luna del pecho.
Él, triste de cebolla.
Tú, satisfecho.
No te derrumbes.
No sepas lo que pasa
ni lo que ocurre.[6]

MIGUEL HERNÁNDEZ
Cancionero y romancero de ausencias, 1938-1941

---

[6] Hernández desea regresar a un estado de inocencia y alegría perdidos ("¡Si yo pudiera / remontarme al origen / de tu carrera!") y preservar al hijo del mundo de los adultos, plagado de odios y violencia ("Desperté de ser niño. / Nunca despiertes. [...] No sepas lo que pasa / ni lo que ocurre").

[5]

Tournez, tournez, chevaux de bois.[1]
VERLAINE

Pegasos, lindos pegasos,[1]
caballitos de madera.

....

Yo conocí, siendo niño,
la alegría de dar vueltas
sobre un corcel[2] colorado,
en una noche de fiesta.

En el aire polvoriento
chispeaban las candelas,
y la noche azul ardía
toda sembrada de estrellas.

¡Alegrías infantiles
que cuestan una moneda
de cobre, lindos pegasos,
caballitos de madera![2]

ANTONIO MACHADO
Soledades. Galerías. Otros poemas, 1907

---

1 'Girad, girad, caballos de madera', verso de un poema del autor simbolista francés Paul Verlaine (1844-1896).
2 *corcel*: caballo.

1 En la mitología griega, Pegaso era un caballo alado con el que Belerofonte pretendió remontarse hasta el Olimpo, la montaña donde residían los dioses; pero Zeus castigó la soberbia de Belerofonte haciendo que Pegaso arrojara el jinete a tierra, tras lo cual el caballo siguió su vuelo y se puso al servicio de Zeus.
2 Al evocar la sencilla alegría infantil de montar en un caballo de tiovivo, Machado constata apenado la imposibilidad de recuperar la felicidad del niño deslumbrado por un mundo de ilusión y fantasía —que al niño, sin embargo, le parece real— y por un simbólico cielo azul "sembrado de estrellas" que el caballo, en su vuelo, puede alcanzar. Esa visión cándida e ilusionada del niño está ya ausente del adulto.

[6]

LA COJITA

La niña sonríe: «¡Espera,
voy a cojer la muleta!»

Sol y rosas. La arboleda
movida y fresca, dardea
limpias luces verdes. Gresca
de pájaros, brisas nuevas.
La niña sonríe: «¡Espera,
voy a cojer la muleta!»

Un cielo de ensueño y seda,
hasta el corazón se entra.
Los niños, de blanco, juegan,
chillan, sudan, llegan:

«…nenaaa!»

La niña sonríe: «¡Espeeera,
voy a cojer la muleta!»
Saltan sus ojos. Le cuelga,
jirando, falsa, la pierna.
Le duele el hombro. Jadea
contra los chopos. Se sienta.
Ríe y llora y ríe: «¡Espera,
voy a cojer la muleta!»

¡Mas los pájaros no esperan;
los niños no esperan! Yerra
la primavera. Es la fiesta
del que corre y del que vuela…
La niña sonríe: «¡Espera,
voy a cojer la muleta!»[1]

JUAN RAMÓN JIMÉNEZ
Historias, 1909-1912

---

[1] El poeta aúna un depurado lirismo y una infinita ternura en este emotivo episodio protagonizado por la niña lisiada que desea participar de los juegos de otros niños, en el contexto de una primavera que *yerra* ('vaga' y también 'se equivoca') porque de ella solo puede gozar "el que corre y el que vuela".

La poesía como juego o ejercicio de ingenio

[7]

MADRE, NOTABRE, SIPILITABRE

—Madre, notabre, sipilitabre,
¿voy al campo, blanco, tranco, sipilitranco,
por una liebre, tiebre, notiebre, sipilitiebre?

—Hijo, mijo, trijo, sipilitrijo,
ve al campo, blanco, tranco, sipilitranco,
por una liebre, tiebre, notiebre, sipilitiebre.

—Madre, notabre, sipilitabre,
aquí está la liebre, tiebre, notiebre, sipilitiebre,
que cogí en el campo, blanco, tranco, sipilitranco.

—Hijo, mijo, trijo, sipilitrijo,
ve a la casa de la vecina, trina, sipilitrina,
a ver si tiene una olla, orolla, otrolla, sipilitrolla,
para guisar la liebre, tiebre, notiebre, sipilitiebre.

—Vecina, trina, sipilitrina,
dice mi madre, notabre, sipilitabre,
si no tiene olla, orolla, otrolla, sipilitrolla,
para guisar la liebre, tiebre, notiebre, sipilitiebre.

—Madre, notabre, sipilitabre,
dice la vecina, trina, sipilitrina,
que no tiene olla, orolla, otrolla, sipilitrolla,
para guisar la liebre, tiebre, notiebre, sipilitiebre.

—Pues hijo, mijo, trijo, sipilitrijo,
agarra la liebre, tiebre, notiebre, sipilitiebre,
y llévala al campo, blanco, tranco, sipilitranco.[1]

ANÓNIMO

---

[1] Los trabalenguas, la creación de nuevas palabras, los juegos rítmicos, los versos encadenados, la rima en esdrújula, los cuentos de nunca acabar... son recursos muy frecuentes en las poesías y canciones de tipo popular.

[8]

SONETO DE REPENTE[1]

Un soneto me manda hacer Violante,
que en mi vida me he visto en tanto aprieto;
catorce versos dicen que es soneto:
burla burlando[2] van los tres delante.

Yo pensé que no hallara consonante[3]
y estoy a la mitad de otro cuarteto,
mas si me veo en el primer terceto,
no hay cosa en los cuartetos que me espante.

Por el primer terceto voy entrando,
y parece que entré con pie derecho,
pues fin con este verso le voy dando.

Ya estoy en el segundo, y aun sospecho
que voy los trece versos acabando;
contad si son catorce, y está hecho.[1]

LOPE DE VEGA
La niña de plata

---

1 *de repente*: improvisado.
2 *burla burlando*: sin darme cuenta de ello.
3 *consonante*: rima consonante.

1 Este famosísimo soneto —composición poética formada, como es sabido, por catorce versos endecasílabos agrupados en dos cuartetos y dos tercetos con rima consonante— es simplemente un juego de ingenio y habilidad sobre la dificultad de composición de este complejo poema-estrofa, y que otros poetas anteriores a Lope habían ya cultivado, aunque sin su gracia y maestría.

[9]

A, EME, O, ERRE[1]

«Amor» tiene cuatro letras.
Vamos a jugar con ellas.
¿Lo ves? Ya estamos en «Roma».[2]
Por todas partes se va.[3]
Por todas partes se llega.
El viaje «Amor-Roma-Amor»,
con billete de ida y vuelta.
Y ahora, a jugar a los dados.
«Alea jacta est».[4] Espera.
¿Qué lees? «Ramo». ¿Qué escuchas?
El ruiseñor, que se queja
de «amor» que en el «ramo» canta,
de «amor» que en el «ramo» «mora».[5]
Otra vez los dados vuelan
por el aire. Y cae «Omar»,
un príncipe de leyenda.
¿«Amor» de «Omar»? Falta ella.
Arriba los dados. «Mora».
«Amor» de «Omar» a la «mora»,
«amor» de la «mora» a «Omar».
Siempre «armo» un juego de «amor»
que der«ramo» y que de«mora».[6]
Y vienen y van las letras
buscando ese «amor» «o mar».

GERARDO DIEGO
La sorpresa, 1943

---

1 *a, eme, o, erre*: son las cuatro letras de *amor*, la palabra sobre la que se desarrolla el juego de este poema.
2 Palabra obtenida al leer *amor* al revés. Es un juego que se llama *anaciclo*.
3 *por todas partes se va [a Roma]*: expresión utilizada para dar a entender que hay distintos caminos o medios para llegar a cierto sitio o conseguir algo.
4 *Alea jacta est*: 'La suerte está echada'. Se trata de una frase latina atribuida a Julio César cuando el famoso general romano atravesó con sus tropas el río Rubicón en su lucha con Pompeyo, su rival en el poder. Se emplea cuando en algún asunto se toma una decisión irreversible.
5 *mora*: habita.

[10]

FONEMORAMAS[1]

Si canto soy un cantueso[1]
Si leo soy un león
Si emano soy una mano
Si amo soy un amasijo[2]
Si lucho soy un serrucho
Si como soy como soy
Si río soy un río de risa
Si duermo enfermo de dormir
Si fumo me fumo hasta el humo
Si hablo me escucha el diablo
Si miento invento una verdad
Si me hundo me Carlos Edmundo[2]

CARLOS EDMUNDO DE ORY
Poesía 1945-1969, 1970

---

1 *cantueso*: planta silvestre aromática.
2 *amasijo*: porción de harina amasada; pero aquí tiene el sentido de 'mescolanza', 'revoltijo'.

1 *Fonemorama* es un neologismo compuesto de *fonema* ('sonido') y de la palabra griega *hórama* ('lo que se ve'). Los versos de este poema se crean por la semejanza acústica de las palabras. La tendencia a esta clase de juegos fonéticos y a la expresión irracional y humorística fue un rasgo muy característico del *postismo*, movimiento de vanguardia de los años cuarenta cuyo principal representante fue Carlos Edmundo de Ory.
2 El poema consiste en un juego de homónimos (*como/como, río/río*), parónimos (*leo/león, emano/mano, fumo/humo*), rimas internas expresivas, etc. No obstante, bajo esa apariencia de un puro juego sin sentido, los versos pretenden expresar de forma original la personalidad del sujeto lírico. De ese modo, *león* sería alguien que 'lee mucho' porque el sufijo *-ón* es aumentativo, pero también porque 'devora' —como un león— libros. Trata de interpretar de manera semejante el resto de los versos.

El despertar del amor

[11]

Aunque el campo se ve florido
con la blanca y la roja flor,
más florido se ve quien ama
con las flores del amor.
5 Aunque dulces ruiseñores
le den al campo placer,
y en sí contemple correr
los cristales bullidores;
aunque las flores mejores
10 le den la gloria mayor,
más florido se ve quien ama
con las flores del amor.[1]

ANÓNIMO

---

[1] En la lírica tradicional es muy frecuente encontrar fundidos amor y naturaleza. Esta, además de ser el marco ideal para el encuentro amoroso —el tópico *locus amoenus* con su prado florido, su arroyo de cristalinas aguas, sus aves cantoras...— ofrece al lenguaje amoroso un léxico cargado de simbolismo erótico. Simbólicas del amor son las flores (*blancas* y *rojas*), simbólicos son también los ruiseñores (que representan tradicionalmente al poeta) y simbólicos esos *cristales bullidores* ('aguas que se mueven con viveza') que el poeta, como el campo, siente correr en su interior, incitándole a gozar de las *flores del amor*.

[12]

Por una mirada, un mundo;
por una sonrisa, un cielo;
por un beso... yo no sé
qué te diera por un beso.[1]

GUSTAVO ADOLFO BÉCQUER
Rimas, 1871

---

[1] En esta copla de sabor popular el beso se constituye en la expresión más sublime de la unión amorosa. Pocos poetas están dotados del arte de Bécquer para condensar, en tan escasos versos, la intensidad emocional con que se vive el enamoramiento.

[13]

El mi corazón, madre,
robado me le hane.[1]

Dos ojos vinieron
y en mi alma llamaron,
los míos los abrieron
y allá los entraron;
señores se alzaron
del corazón, madre;
robado me le hane.[1]

Nadie que los viera
dejara de abrir,
por cierto que fuera[2]
que había de morir.
Muerte hay que es vivir
y esta fuera, madre.[2]
Robado me le hane.

El alma, que vio
preso el corazón,
luego[3] se rindió
y con gran razón.
Porque tal prisión
libertad es, madre,
que robado me le hane.[3]

ANÓNIMO

---

1 *hane*: 'han'; la "e" se le añadía para mantener la rima.
2 *por cierto que fuera*: aunque fuera seguro.
3 *luego*: de inmediato.

1 Era creencia antigua que de los ojos salían unos espíritus que, introducidos en el corazón de la persona amada, encendían en ella el fuego de amor y se adueñaban de su voluntad.
2 La fusión entre amor y muerte es una constante de la lírica amorosa, pero esa paradoja se intensifica en estos versos al sentir la muchacha que la muerte por amor es una forma suprema de vida.
3 El anónimo poeta recurre ahora a otra clásica paradoja: el *alma se rinde* ante la poderosa y *gran razón* de amor y, en consecuencia, queda presa, aunque semejante *prisión* amorosa sea para ella una forma de *libertad*.

[14]

La bocca mi bacciò tutto tremante[1]

DANTE

Sobre la falda tenía
el libro abierto;
en mi mejilla tocaban
sus rizos negros;
5 no veíamos las letras
ninguno, creo;
mas guardábamos entrambos
hondo silencio.

¿Cuánto duró? Ni aun entonces
10 pude saberlo.
Solo sé que no se oía
más que el aliento,
que apresurado escapaba
del labio seco.
15 Solo sé que nos volvimos
los dos a un tiempo,
y nuestros ojos se hallaron,
y sonó un beso.
....
....[2]

---

1 'La boca me besó todo trémulo'. Se trata de un verso de la *Divina Comedia*, del poeta italiano Dante Alighieri (1265-1321). En la primera parte de esta obra, el propio Dante baja al Infierno, donde encuentra a los amantes Francesca de Rímini y Paolo Malatesta; Francesca le cuenta entonces al poeta su historia: un día leían ella y Paolo el relato de Lanzarote del Lago y de su amor adúltero con la reina Ginebra cuando, al llegar al pasaje en que Lanzarote da un beso a la reina, Paolo, cuñado de Francesca, la besa "todo trémulo", sellando así un amor adúltero también. La realidad imita, pues, a la ficción, y los personajes del poema de Bécquer harán lo propio al leer dicho episodio de la *Divina Comedia*. Y si en los amores de Lanzarote y Ginebra, Galeoto había ejercido de alcahuete para unirlos, ahora es la poesía la que desempeña esa función mediadora de Galeoto para unir a los amantes en la realidad. Eso es lo que parece pretender esta rima, que constituye una especie de juego de muñecas rusas: servir de estímulo para que sus lectores se besen también.
2 Esta elipsis que se produce tras el v. 18 simboliza el contacto amoroso en el plano real. Cuando la vida actúa, la poesía calla.

>   Creación de Dante era el libro,
> 20   era su *Infierno*.
>   Cuando a él bajamos los ojos,
>   yo dije trémulo:
>   —¿Comprendes ya que un poema
>   cabe en un verso?
> 25 Y ella respondió encendida:
>   —¡Ya lo comprendo![3]

GUSTAVO ADOLFO BÉCQUER
Rimas, 1871

---

[3] Amor y poesía aparecen en este poema, como es constante en Bécquer, fundidos y expresados, aparentemente de una forma sencilla, con una intensidad inusual. No otro es el sentido del diálogo final: el lector comprende, como la amada, que en un solo verso ("La bocca mi bacció tutto tremante", el que los personajes de esta rima leen) puede haber mayor intensidad poética y emoción humana que en un poema extenso. Recuérdese, en este sentido, que las *Rimas* becquerianas son, en general, breves composiciones poéticas.

El vitalismo. «Carpe diem»

[15]

Mientras por competir con tu cabello
oro bruñido al sol relumbra en vano;[1]
mientras con menosprecio en medio el llano[2]
mira tu blanca frente el lilio[3] bello;

5 mientras a cada labio, por cogello,
siguen más ojos que al clavel temprano,
y mientras triunfa con desdén lozano
del luciente cristal tu gentil cuello,[4]

goza cuello, cabello, labio y frente,
10 antes que lo que fue en tu edad dorada
oro, lilio, clavel, cristal luciente,

no solo en plata o vïola troncada
se vuelva,[5] mas tú y ello juntamente
en tierra, en humo, en polvo, en sombra, en nada.[1]

LUIS DE GÓNGORA (1561-1627)

---

1 'El oro abrillantado (*bruñido*) relumbra inútilmente (*en vano*) a la luz del sol'.
2 *en medio el llano*: en medio del llano.
3 *lilio*: lirio.
4 'Mientras tu bello y airoso (*gentil*) cuello vence con ostentación (*triunfa*) y desprecio (*desdén*) que rebosa juventud (*lozano*) al brillante cristal...'
5 'No solo se convierta (*se vuelva*) el [cabello] en canoso (*en plata*) y [el cuello y la piel] en violeta tronchada (*vïola troncada*)', porque el cuello se inclina y la piel se le hace mustia y ajada.

1 Este es quizá el soneto en que con mayor perfección formal se ha tratado el tema del *carpe diem*, o invitación a gozar del amor y la vida mientras se es joven. Para ello Góngora contrasta, con singular maestría, la extraordinaria y aun desafiante belleza de la mujer en plena juventud (descrita en los dos cuartetos) con la decadencia física y la muerte que el paso inexorable del tiempo traerá consigo (segundo terceto); y, entre la descripción de la belleza y de la decrepitud, el poeta insta a la joven al goce de la vida. Si en el v. 9 recoge Góngora las partes del cuerpo descritas previamente en los dos cuartetos, y en el v. 11 enumera los bellos términos de comparación, en el último verso deja caer como una losa la gradación descendente que, abrazando los planos real y metafórico ("tú y ello"), culmina con esa terrorífica *nada*, en una actitud pesimista muy característica del Barroco.

[16]

LA HORA

Tómame ahora que aún es temprano
y que llevo dalias nuevas en la mano.[1]

Tómame ahora que aún es sombría
esta taciturna[2] cabellera mía.

Ahora, que tengo la carne olorosa
y los ojos limpios y la piel de rosa.

Ahora, que calza mi planta ligera
la sandalia viva de la primavera.

Ahora, que en mis labios repica la risa
como una campana sacudida aprisa.

Después… ¡ah, yo sé
que ya nada de eso más tarde tendré!

Que entonces inútil será tu deseo
como ofrenda puesta sobre un mausoleo.[3]

¡Tómame ahora que aún es temprano
y que tengo rica de nardos la mano!

Hoy, y no más tarde. Antes que anochezca
y se vuelva mustia la corola fresca.

Hoy, y no mañana. Oh, amante, ¿no ves
que la enredadera crecerá ciprés?[1]

JUANA DE IBARBOUROU
Las lenguas de diamante, 1919

---

1 *dalia*: flor de botón central amarillo y corola grande de muchos pétalos, que presentan variados colores.
2 *sombría*: morena; *taciturna*: triste, melancólica.
3 *mausoleo*: sepulcro monumental.

1 En esta original perspectiva femenina del *carpe diem* se emplean imágenes de la naturaleza para expresar la juventud y la lozanía de la mujer deseosa de entregarse al amor. El contraste entre la juventud y la vejez (el *ahora* y el *después*), que divide el poema en dos partes de igual extensión, se concentra y adensa en el último verso, pues si la *enredadera* simboliza la pasión amorosa y la juventud, el *ciprés* representa la muerte.

[17]

INVITACIÓN A LA DICHA

> Es dulce ser amado, pero amar,
> oh dioses, qué ventura...
>
> GOETHE

Ámame ahora que tengo los cabellos negros
y una corona de junco
y el perfume del agua y de la jara[1]
en los brazos desnudos.

5 Ámame ahora que tengo en los ojos
la suave llama de la tarde
y la gracia de la sonrisa
y la leve frescura de los manantiales.

Ámame ahora que tengo en los labios
10 el fuego deslumbrante del Mediodía
y la serenidad del cielo en las mejillas.

Ámame ahora que tengo en el cuello
el resplandor de los lirios quemados.
Ámame ahora que corre por mis hombros
15 el torrente divino del deseo.
Ámame ahora que tengo el pecho ebrio[2]
como una flor de vino.

Ahora y no luego, ahora y no mañana,
ahora que besa mi alma todo tu cuerpo
20 confundiendo su aliento al de mis labios.

Bésame ahora que es primavera
y el chamariz[3] canta y vuela en un árbol,
ahora, amor mío, que estamos en mayo
y zumban en el aire las abejas,
25 ahora que todo es hermoso y feliz,

---

1 *jara*: arbusto siempre verde con flores blancas.
2 *ebrio*: borracho.
3 *chamariz*: pájarillo cantor de color verdoso.

ahora y no mañana,
ahora y no luego.

Bésame los labios, el cabello, los hombros,
ahora que en los huertos florecidos
30   es tan dulce la flor primera del granado.

Dame todo tu amor ahora, amor mío,
¿no ves que soy en la tierra dichosa,
dulce como el árbol del paraíso?[4]

Ahora que soy un manantial virgen
35   donde cada onda es una caricia,
una colina verde
donde cada florecilla es un labio encendido,
un valle misterioso
donde cada viento es un suspiro,
40   un río de amores
cuya música frágil es tu nombre.

¿No son nuestros estos días tan bellos?
¿No es hermosa la tierra bajo el sol y la luna?
¿No habla todo de amor desde el alba a la tarde?

45   ¡Ámame!
¡Ahora y no mañana; ahora y no luego![1]

RICARDO MOLINA
Regalo de amante, 1945-1948

---

4 *árbol del paraíso*: árbol de pequeñas hojas que florece por abril o mayo.

1 La sensualidad desbordante de este poema, en que el estallido vital de la naturaleza en primavera refleja la pasión y la sensualidad del amante, parece excluir la meditación final sobre la caducidad de la belleza física y el carácter destructor del paso del tiempo, inherentes al tratamiento clásico del *carpe diem* (véase poema 15).

[18]

GOZO DEL TACTO

Estoy vivo y toco.
Toco, toco, toco.
Y no, no estoy loco.

Hombre, toca, toca
lo que te provoca:
seno, pluma, roca,

pues mañana es cierto
que ya estarás muerto,
tieso, hinchado, yerto.[1]

Toca, toca, toca,
¡qué alegría loca!
Toca. Toca. Toca.[1]

DÁMASO ALONSO
Hombre y Dios, 1955

---

1 *yerto*: rígido, tieso.

1 El tópico del *carpe diem* adquiere en Dámaso Alonso un tono tan frenético y apasionado que el *gozo del tacto* —la vida vivida con intensidad— acaba convirtiéndose en un acto desenfrenado y angustioso ante la realidad irremediable de la muerte, presentada mediante una enumeración de adjetivos macabros: *muerto, tieso, hinchado, yerto*. Las continuas repeticiones y los efectos onomatopéyicos acentúan la antítesis vida-muerte que estructura este breve e intenso poema.

La creación poética

[19]

Del salón en el ángulo oscuro,
de su dueño tal vez olvidada,
silenciosa y cubierta de polvo,
veíase el arpa.

5 ¡Cuánta nota dormía en sus cuerdas,
como el pájaro duerme en las ramas,
esperando la mano de nieve
que sabe arrancarlas!

«¡Ay!», pensé, «¡cuántas veces el genio
10 así duerme en el fondo del alma,
y una voz como Lázaro espera
que le diga: "Levántate y anda"!»[1]

GUSTAVO ADOLFO BÉCQUER
Rimas, 1871

---

1 Bécquer expresa, con esta alegoría del arpa, su idea de la creación poética. El genio, la inspiración, igual que las notas en las cuerdas de un arpa, se hallan dormidos dentro del poeta. Para que surja la verdadera poesía es preciso que una "mano de nieve" experta, o una "voz" divina, como la de Jesucristo al resucitar a Lázaro, sea capaz de obrar el milagro de dar vida al caos que bulle informe en el interior del poeta. Esta "mano de nieve", esta "voz", es la Poesía —que en Bécquer es inseparable del Amor—, entendida como arte o razón elaboradora de la imaginación. O con palabras del propio Bécquer en su «Introducción sinfónica»: "Por los tenebrosos rincones de mi cerebro, acurrucados y desnudos, duermen los extravagantes hijos de mi fantasía, esperando en silencio que el arte los vista de la palabra para poderse presentar decentes en la escena del mundo."

[20]

EL POEMA

Y ahora, aquí está frente a mí.
Tantas luchas que ha costado,
tantos afanes en vela,
tantos bordes de fracaso
juntó a este esplendor sereno
ya son nada, se olvidaron.
Él queda, y en él, el mundo,
la rosa, la piedra, el pájaro,
aquéllos, los del principio,
de este final asombrados.[1]
¡Tan claros que se veían,
y aún se podía aclararlos!
Están mejor; una luz
que el sol no sabe, unos rayos
los iluminan, sin noche,
para siempre revelados.
Las claridades de ahora
lucen más que las de mayo.
Si allí estaban, ahora aquí;
a más transparencia alzados.
¡Qué naturales parecen,
qué sencillo el gran milagro!
En esta luz del poema,
todo,
desde el más nocturno beso
al cenital esplendor,
todo está mucho más claro.[2]

PEDRO SALINAS
Todo más claro y otros poemas, 1949

---

[1] El mundo, la rosa, la piedra y el pájaro de la realidad (*del principio*) se asombran al verse reflejados de manera diáfana en el poema (*este final*).

[2] El poema es el resultado de un esfuerzo creador, de una lucha, que roza a veces el fracaso, por hacer más transparente la realidad; esta no solo se salva en el poema sino que aparece revelada para siempre y mucho más clara, gracias al prodigio del arte, que debe ser iluminador de la realidad.

VERANO

La naturaleza

[21]

VERANO

Frutales
cargados.
Dorados
trigales...

Cristales
ahumados.
Quemados
jarales...[1]

Umbría[2]
sequía,
solano...[3]

Paleta[4]
completa:
verano.[1]

MANUEL MACHADO
Horas de oro. Devocionario poético, 1938

---

1 *jaral*: sitio poblado de *jaras*, arbusto muy abundante en los montes del centro y mediodía de España.
2 *umbría*: lugar que por su orientación está siempre en sombra.
3 *solano*: viento cálido y sofocante.
4 *paleta*: utensilio de pintor de forma ovalada o cuadrada en el que se ordena los colores.

1 En este curioso sonetillo trisílabo, ejemplo de maestría versificadora y síntesis descriptiva, Manuel Machado esboza un pequeño cuadro impresionista repleto de sensaciones. Observa cómo dispone las breves frases descriptivas, igual que un pintor los colores en su paleta, hasta completar el poema.

[22]

NOCHE DE VERANO

Pulsas, palpas el cuerpo de la noche,
verano que te bañas en los ríos,
soplo en el que se ahogan las estrellas,
aliento de una boca,
de unos labios de tierra.

Tierra de labios, boca
donde un infierno agónico jadea,
labios en donde el cielo llueve
y el agua canta y nacen paraísos.

Se incendia el árbol de la noche
y sus astillas son estrellas,
son pupilas, son pájaros.
Fluyen ríos sonámbulos,
lenguas de sal incandescente
contra una playa oscura.

Todo respira, vive, fluye:
la luz en su temblor,
el ojo en el espacio,
el corazón en su latido,
la noche en su infinito.

Un nacimiento oscuro, sin orillas,
nace en la noche de verano.
Y en tu pupila nace todo el cielo.[1]

OCTAVIO PAZ
Libertad bajo palabra, 1935-1957

---

1 Desde la aliteración táctil inicial ("pulsas, palpas el cuerpo de la noche"), los elementos de la naturaleza (ríos, estrellas, tierra, cielo, lluvia, árbol, pájaros, playas, luz) aparecen animados y fundidos con elementos corporales (aliento, boca, labios, pupilas, lenguas, corazón, latido) en cálidas y brillantes metáforas que desarrollan la imagen inicial de la noche como un cuerpo que puede ser acariciado. El resultado es un poema intensamente sensual y vital que culmina en ese "todo respira, vive, fluye", bella síntesis de la visión panteísta de la naturaleza, tan característica del poeta mejicano Octavio Paz, y que alcanza sin duda su plenitud en las noches de verano tropicales.

[23]

LA CIGARRA

Canta tu estrofa, cálida cigarra,
y baile al son de tu cantar la mosca,
que ya la sierpe[1] en el zarzal se enrosca,
y, lacia,[2] extiende su verdor la parra.

Desde la yedra que a la vid se agarra
y en su cortina espléndida te embosca,[3]
recuerda el caño de la fuente tosca
y el fresco muro de la limpia jarra.

No consientan tus élitros[4] fatiga:
canta del campo el productivo costo,
ebria[5] de sol y del trabajo amiga.

Canta y excita al inflamado agosto
a dar el grano de la rubia espiga
y el chorro turbio del ardiente mosto.[1]

SALVADOR RUEDA
Cantos de la vendimia, 1891

---

1 *sierpe*: serpiente.
2 *lacia*: aquí, 'blandamente', 'suavemente'.
3 *te embosca*: te oculta (a la cigarra).
4 *élitros*: alas duras de los coleópteros, que, al frotarlas entre sí, producen el característico sonido de las cigarras.
5 *productivo costo*: frutos del campo; *ebria*: borracha.

1 La cigarra es en este poema símbolo de la eclosión estival, de la plenitud de la luz y de la naturaleza, cuya efervescencia vital y sensualidad ha de estimular el canto de la cigarra.

El amor: esencia y pasión

[24]

Qué alegría, vivir
sintiéndose vivido.
Rendirse
a la gran certidumbre, oscuramente,
de que otro ser, fuera de mí, muy lejos,
me está viviendo.[1]
Que cuando los espejos, los espías,
azogues, almas cortas, aseguran
que estoy aquí, yo, inmóvil,
con los ojos cerrados y los labios,
negándome al amor
de la luz, de la flor y de los nombres,
la verdad trasvisible es que camino
sin mis pasos, con otros,
allá lejos, y allí
estoy besando flores, luces, hablo.[2]
Que hay otro ser por el que miro el mundo

---

1 Todo el poema es el desarrollo de la afirmación inicial, que expresa de manera gozosa una cualidad mágica del amor: el amado, al sentirse vivir en la amada, vive una realidad doble, la suya y la de ella. La unión de los amantes es tal que, al igual que en la lírica petrarquista el amante lleva grabada en su interior la imagen de la amada ("Escrito está en mi alma vuestro gesto ['rostro']", escribió Garcilaso), para Salinas los amantes viven y actúan sintiendo que la persona amada vive en ellos y a través de ellos. En una ocasión, el poeta le comentó a su amada "lo hermoso que es vivir en otro, vivirse en algo más que esta limitación que es uno mismo; [...] del mismo modo que yo vivo, aquí, muchas cosas en las cuales, sin mentar tu nombre ni dedicártelas expresamente, existes tú, así me he sentido existir en ti; [...] ese es el mejor vínculo del amor, el vivir sin saberlo, sin sentirlo, el uno en el otro".

2 El *azogue* es el mercurio, metal blanco y brillante que se emplea para recubrir la parte posterior de los espejos. Los espejos son *espías*, porque 'vigilan' al sujeto lírico, y son *almas cortas* porque, al reflejar su imagen física, *inmóvil* y con los *labios* y los *ojos cerrados*, ignoran que, en su interior, el amante camina por otro lugar y está *besando flores*, viendo *luces* y hablando, a través, naturalmente, de la amada. Esa es la verdad *trasvisible*, neologismo de Salinas que significa 'realidad interior, que está más allá de los sentidos'.

porque me está queriendo con sus ojos.
Que hay otra voz con la que digo cosas
no sospechadas por mi gran silencio;
y es que también me quiere con su voz.
La vida —¡qué transporte[1] ya!—, ignorancia
de lo que son mis actos, que ella hace,
en que ella vive, doble, suya y mía.
Y cuando ella me hable
de un cielo oscuro, de un paisaje blanco,
recordaré
estrellas que no vi, que ella miraba,
y nieve que nevaba allá en su cielo.
Con la extraña delicia de acordarse
de haber tocado lo que no toqué
sino con esas manos que no alcanzo
a coger con las mías, tan distantes.
Y todo enajenado[2] podrá el cuerpo
descansar, quieto, muerto ya. Morirse
en la alta confianza
de que este vivir mío no era solo
mi vivir: era el nuestro. Y que me vive
otro ser por detrás de la no muerte.[3]

PEDRO SALINAS
La voz a ti debida, 1933

---

1 *transporte*: enajenación de la razón o el sentido por una pasión o éxtasis.
2 *enajenado*: 'fuera de sí, desposeído', en sentido literal y figurado, porque el cuerpo del amante se encuentra también en la amada.
3 El amor como vencedor de la soledad y la finitud humanas, de la muerte, a la que sobrevive (por eso es la *no muerte*), es un tema recurrente en la lírica amorosa que alcanza en estos versos una verdad y una intensidad poco frecuentes.

[25]

Desmayarse, atreverse, estar furioso,
áspero, tierno, liberal, esquivo,[1]
alentado,[2] mortal, difunto, vivo,
leal, traidor, cobarde y animoso;

no hallar fuera del bien centro y reposo,[3]
mostrarse alegre, triste, humilde, altivo,
enojado, valiente, fugitivo,
satisfecho, ofendido, receloso;

huir el rostro al claro desengaño,
beber veneno por licor süave,[4]
olvidar el provecho, amar el daño;

creer que un cielo en un infierno cabe,
dar la vida y el alma a un desengaño:
esto es amor: quien lo probó lo sabe.[1]

LOPE DE VEGA
Rimas, 1602

---

1 *liberal*: generoso; *esquivo*: desdeñoso, desapegado, poco agradable.
2 *alentado*: animoso, entusiasta.
3 'No encontrar fuera de la amada (*el bien*) gusto, sosiego (*centro*) y reposo'.
4 Esto es, 'beber veneno en lugar de (creyendo que se trata de) licor dulce y agradable (*suave*)'.

1 Este famoso soneto de Lope define el amor a partir de una acumulación de antítesis (*difunto/vivo, leal/traidor*) que revelan la inestabilidad y el desconcierto del enamorado; este se debate entre el gozo y el dolor, el entusiasmo y la decepción, en una serie de paradojas que el espíritu barroco gustaba de potenciar, pero que sin duda reflejan el estado de ánimo que a menudo embarga a la persona enamorada con *pasión* (palabra que procede, no se olvide, de *padecer*).

[26]

Dos rojas lenguas de fuego
que, a un mismo tronco enlazadas,
se aproximan, y al besarse
forman una sola llama;

dos notas que del laúd
a un tiempo la mano arranca,
y en el espacio se encuentran
y armonïosas se abrazan;

dos olas que vienen juntas
a morir sobre una playa,
y que al romper se coronan
con un penacho[1] de plata;

dos jirones de vapor
que del lago se levantan,
y al juntarse allá en el cielo
forman una nube blanca;

dos ideas que al par brotan,
dos besos que a un tiempo estallan,
dos ecos que se confunden...,
eso son nuestras dos almas.[1]

GUSTAVO ADOLFO BÉCQUER
Rimas, 1871

---

1 *penacho*: grupo de plumas que tienen algunas aves en la cabeza; aquí se usa metafóricamente.

1 La fusión de dos seres en uno solo ha sido siempre uno de los rasgos esenciales del amor, tanto del profano como del místico. Bécquer expresa esta idea mediante una serie de metáforas —*lenguas de fuego, notas de laúd*, etc.— cuyo término real —*nuestras dos almas*— se sitúa en el último verso, donde culmina la gozosa e intensa unión entre el poeta y su amada.

[27]

UN RELÁMPAGO APENAS

Besas como si fueras a comerme.
Besas besos de mar, a dentelladas.
Las manos en mis sienes y abismadas
nuestras miradas. Yo, sin lucha, inerme,[1]

5   me declaro vencido, si vencerme
es ver en ti mis manos maniatadas.
Besas besos de Dios. A bocanadas
bebes mi vida. Sorbes. Sin dolerme,

tiras de mi raíz, subes mi muerte
10   a flor de labio. Y luego, mimadora,
la brizas[2] y la rozas con tu beso.

Oh Dios, oh Dios, oh Dios, si para verte
bastara un beso, un beso que se llora
después, porque, ¡oh, por qué!, no basta eso.[1]

BLAS DE OTERO
Ángel fieramente humano, 1950

---

1 *inerme*: sin armas.
2 *brizar*: acunar.

1 El amor es contemplado por Blas de Otero como una entrega total en que el amante, sin oponer resistencia alguna a ser devorado por la amada, pierde por completo su libertad y su vida. Como en la lírica amorosa petrarquista, la amada es un dios al que resulta imposible conocer y, menos aún, unirse a él; el beso, como expresión máxima del vínculo amoroso, es "un relámpago apenas" para poderle ver la cara a ese dios-amada y unirse a ella. Blas de Otero "vuelve a lo humano" imágenes religiosas pues, como en la noche oscura de la poesía mística, Dios (o la mujer) frustra el ansia de posesión del hombre, al que deja solo en lucha desesperada.

[28]

A veces el amor tiene caricias
frías, como navajas de barbero.
Cierras los ojos. Das tu cuello entero
a un peligroso filo de delicias.

5   Otras veces se clava como aguja
irisada de sedas en el raso[1]
del bastidor:[2] raso del lento ocaso
donde un cisne precoz se somorguja.[3]

En general, adopta una manera
10   belicosa, de horcas y cuchillos,
de lanza en ristre o de falcón en mano.[4]

Pero es lo más frecuente que te hiera
con ojos tan serenos y sencillos
como un arroyo fresco en el verano.[1]

ANTONIO CARVAJAL
De un capricho celeste, 1988

---

1 *irisada*: que brilla con colores semejantes a los del arco iris; *raso*: tela de seda muy lisa y brillante.
2 *bastidor*: utensilio en forma de aro en cuyo interior hueco se fija y se tensa la tela para bordar en ella.
3 *somorgujarse*: sumergirse.
4 *ristre*: hierro del peto de la armadura donde se apoyaba la lanza para acometer al adversario; *falcón*: especie de cañón de la artillería antigua.

1 Definir el amor es sumamente complejo y los poetas, durante siglos, han acudido al lenguaje metafórico o simbólico para tratar de expresar sus diversas y casi siempre contradictorias manifestaciones. En este soneto, Antonio Carvajal nos presenta cuatro de estas posibles manifestaciones. En la primera, el goce amoroso se compara con la peligrosa entrega indefensa que supone, durante el afeitado, ofrecer el cuello al barbero; de ahí el oxímoron "caricias frías" o la aliteración "peligroso filo de delicias". En la segunda manifestación, dolor y placer también aparecen unidos (*clavarse, aguja, sedas, raso del lento ocaso*). Las imágenes son aquí más complejas: la trayectoria que traza la mano al clavar la aguja en el raso del bastidor es semejante a la del cuello del cisne al sumergirse en el agua; el simbolismo erótico de ambas es evidente. En los tercetos, a la imagen tradicional del amor como combate o lucha del primer terceto, Carvajal opone en el segundo una visión amable, gozosa y vitalista del amor, que se resume en el símil del último endecasílabo: "como un arroyo fresco en el verano".

El trabajo

[29]

CANCIÓN DE TRILLA[1]

A la trilla, trilladores,
que Soria es una frontera,[1]
que huele a trigo la era
y vuela la tolvanera[2]
por la plaza de Herradores.[2]

A la trilla, trilladores,
que el alba amarilla brilla,
y las estrellas rastrilla,
y es ya amarilla Castilla.
     A la trilla.

Trilladoras, a la trilla,
en carros de emperadoras
     vencedoras,
sobre tablas crujidoras.
A la trilla, trilladoras.

Que pise firme el caballo,
y trille espigas el callo,[3]
y sangre granos el tallo.
Y tú, de pie, oh maravilla,
con las riendas de la trilla.

---

1 *trilla*: operación de *trillar* ('triturar la mies y hacer que el grano se separe de las espigas'). Dicha faena se llevaba a cabo con el *trillo*, utensilio consistente en un tablón repleto por debajo de cuchillas de acero o de trozos de pedernal incrustados. El trillo es denominado en el poema *tabla crujidora* (v. 14).
2 *era*: espacio de tierra limpia y firme, a veces empedrado, donde se trillan las mieses; *tolvanera*: remolino de polvo.
3 *callo*: extremo de la herradura de los caballos.

1 La provincia de Soria, que se halla en el extremo oriental de Castilla, fue durante la Edad Media frontera con otros reinos.
2 Se trata de una pequeña plaza situada en la parte antigua de Soria.

Que el alto de la dehesa[4]
ya no puede más de flores.
A la trilla, trilladores.

Que llega ya San Lorenzo
a tostarse en su parrilla.[3]
Trilladoras, a la trilla.
A la trilla.[4]

GERARDO DIEGO
Soria, 1941-1947

---

4 *dehesa*: tierra generalmente acotada y destinada a pastos.

3 Mártir de origen español que murió en Roma quemado en una parrilla; su festividad se celebra el diez de agosto. La semejanza entre el trillo y la parrilla, el intenso calor de ese mes y el hecho de que por San Lorenzo solía acabarse la faena de la trilla, justifican la alusión.

4 Las canciones de trabajo, que acompañaban con su ritmo las labores agrarias —siega, trilla, vendimia, recogida de la aceituna, etc.—, son frecuentes en la lírica tradicional. Desde una vertiente neopopular, Gerardo Diego recrea, con notable acierto rítmico —nótese el carácter onomatopéyico de numerosas palabras: *tri*lla, *rastri*lla, est*re*lla, *cruji*doras, pa*rri*lla, etc.—, una de las tareas que ocupaba gran parte del verano en Castilla, tierra de cereales por excelencia: la separación en las eras del grano de la paja mediante trillos tirados por mulas o caballos. La alegría y el gozo, como podemos observar en el poema, acompañaban a estas labores, en las que participaban hombres y mujeres, por lo que no es raro encontrar connotaciones amorosas o eróticas. Obsérvese el elogio de la mujer, de pie encima del trillo, y la comparación de este con los antiguos carros triunfales que transportaban a los altos dignatarios romanos.

[30]

MI NOSTALGIA

Homenaje a Játiva
A Francisco Brines

Quisiera haber sabido con legona[1]
mullir la tierra oscura, abrir las balsas
que esparcerán su estela murmurante
por los campos en flor, segar las mieses
con la curva cuchilla cenicienta
de mis antepasados y en la tarde
repasar los frutales que frecuentan
los pájaros del cielo. Estar atento
a todo pormenor, velar la viña,
vigilar el olivo bajo el ronco
vibrar de la cigarra. Y ya de noche,
cuando el lucero tiembla desde el fondo
de su negro caudal: oler la tierra,
mirar la oscuridad, estar cansado.
Sentarme en el umbral mientras que dentro,
tras mis graves espaldas, silenciosas
muévense en suave afán unas mujeres
preparando la cena primitiva.
Solo así yo sabría oscuramente
qué sabor verdadero guarda el hombre
de su honradez antigua y su tristeza.[1]

JUAN GIL-ALBERT
Los homenajes, 1964

---

[1] *legona*: instrumento de labranza semejante a la azada.

[1] La nostalgia a la que alude el título del poema es la de la vida honrada y sencilla, no exenta de tristeza, del campesino que, portador de una sabiduría ancestral, trabaja en contacto pleno con la naturaleza y tiene una forma de vida que el poeta y la mayoría de nosotros, de cultura urbana, desconocemos. La evocación de la vida y las labores agrarias, aunque responde a una realidad cercana al poeta —se trata de un homenaje a la ciudad de Játiva, situada en la huerta valenciana, que dedica al poeta también valenciano Francisco Brines—, tiene hondas resonancias del mundo pagano de la antigua Grecia, tan presente en la poesía de Gil-Albert.

[31]

EL SUDOR

En el mar halla el agua su paraíso ansiado
y el sudor su horizonte, su fragor, su plumaje.[1]
El sudor es un árbol desbordante y salado,
un voraz oleaje.

5 Llega desde la edad del mundo más remota
a ofrecer a la tierra su copa sacudida,[2]
a sustentar la sed y la sal gota a gota,
a iluminar la vida.

Hijo del movimiento, primo del sol, hermano
10 de la lágrima,[3] deja rodando por las eras,
del abril al octubre, del invierno al verano,
áureas enredaderas.

Cuando los campesinos van por la madrugada
a favor de la esteva[1] removiendo el reposo,
15 se visten una blusa silenciosa y dorada
de sudor silencioso.

Vestidura de oro de los trabajadores,
adorno de las manos como de las pupilas.
Por la atmósfera esparce sus fecundos olores
20 una lluvia de axilas.

El sabor de la tierra se enriquece y madura:
caen los copos del llanto laborioso y oliente,

---

1 *esteva*: pieza trasera del arado, sobre la que el labrador apoya la mano para dirigir la reja y hundirla en la tierra.

1 Si para las aguas el mar es su destino natural (*paraíso ansiado*), el sudor se asemeja al agua marina porque es salado, pero también porque es el producto de un esfuerzo físico, tal y como reflejan asimismo las imágenes del estruendo (*fragor*) y la espuma (*plumaje*) de las olas del mar.

2 El trabajo y el sudor, que han movido desde antiguo el mundo, son un *árbol desbordante* que sacude su *copa sudorienta* sobre la tierra. Miguel Hernández a menudo tiende a ver en el *árbol* un símbolo del hombre.

3 El sudor es *hijo del movimiento* y *primo del sol* porque tanto uno como otro provocan la sudoración, y es *hermano de la lágrima* porque esta es, como el sudor, salada.

maná² de los varones y de la agricultura,
bebida de mi frente.⁴

25 Los que no habéis sudado jamás, los que andáis yertos³
en el ocio sin brazos, sin música, sin poros,
no usaréis la corona de los poros abiertos
ni el poder de los toros.

Viviréis maloliendo, moriréis apagados:
30 la encendida hermosura reside en los talones
de los cuerpos que mueven sus miembros trabajados
como constelaciones.

Entregad al trabajo, compañeros, las frentes:
que el sudor, con su espada de sabrosos cristales,
35 con sus lentos diluvios, os hará transparentes,
venturosos, iguales.⁵

MIGUEL HERNÁNDEZ
Viento del pueblo, 1937

---

2 *maná*: alimento enviado por Dios a los judíos de camino a la Tierra Prometida (Éxodo, 16), a manera de copos que descendían del cielo, mientras aquellos atravesaban el desierto.
3 *yerto*: rígido, tieso (por inactivo).
4 Una sustancia tan poco "poética" como el sudor se transforma en este poema en algo noble y digno, incluso hermoso. Miguel Hernández lo consigue, en el plano de la expresión, mediante una catarata de metáforas que embellecen y convierten el sudor en una fuerza casi cósmica (*áurea enredadera, blusa silenciosa y dorada, copo, maná*, o, en hermosa y sorprendente hipérbole, "esparce sus fecundos olores / una lluvia de axilas"), y, en el plano del significado, por ser el sudor el fluido corporal que emana de la actividad más noble del hombre: el trabajo.
5 Tras elogiar el sudor, "vestidura de oro de los trabajadores", Hernández increpa con duras palabras a los señoritos ociosos, llegando a identificar la hermosura con el trabajo, y la fealdad maloliente, la tristeza y la falta de virilidad con la ausencia de sudor. El poema se cierra con una llamada a la regeneración a través del trabajo, pues este, simbolizado en el sudor, es fuente de igualdad entre los hombres y de felicidad. Ímpetu revolucionario y rigor estético confluyen, por tanto, en este poema, logrado ejemplo de "poesía impura" y social de la década de 1930.

Un canto al progreso

[32]

RADIADOR Y FOGATA

Se te ve, calor, se te ve.
Se te ve lo rojo, el salto,
la contorsión, el ay, ay.
Se te ve el alma, la llama.
Salvaje, desmelenado,
frenesí yergues de danza
sobre ese futuro tuyo
que ya te está rodeando,
inevitable, ceniza.
Quemas.
Solo te puedo tocar
en tu reflejo, en la curva
de plata donde exasperas
en frío[1]
las formas de tu tormento.
Chascas:[2] es que se te escapan
suspiros hacia la muerte.

Pero tú no dices nada
ni nadie te ve, ni alzas
a tu consunción[3] altares
de llama.
Calor sigiloso.[4] Formas
te da una geometría
sin angustia. Paralelos
tubos son tu cuerpo. Nueva
criatura, deliciosa

---

1 *curva de plata*: el espejo —por eso es *frío*—, en donde se refleja la llama.
2 *chascar*: dar *chasquidos*, 'ruidos secos y súbitos' que se producen, en este caso, al arder la leña de la fogata. Se trata de una onomatopeya.
3 *consunción*: consumición, acabamiento.
4 *sigiloso*: secreto, silencioso.

VERANO

hija del agua, sirena
callada de los inviernos
que va por los radiadores
30 sin ruido, tan recatada
que solo la están sintiendo
con amores verticales,
los donceles⁵ cristalinos,
Mercurios, en los termómetros.¹

PEDRO SALINAS
Fábula y signo, 1931

---

5 *doncel*: 'adolescente hijo de padres nobles'; también, 'muchacho virgen'.

1 La revolución industrial y tecnológica dio lugar a finales del siglo XIX y comienzos del XX a una nueva realidad —electricidad, automóviles, aviones, cine, teléfono, rascacielos, etc.— que, considerada en un principio como vulgar y prosaica, pronto sería reivindicada por los movimientos de vanguardia, sobre todo por el futurismo y el ultraísmo, como una realidad artística y poética, tanto o más que la naturaleza o los tópicos literarios tradicionales. En este poema, Salinas compara dos mundos, ambos personificados: el natural o "primitivo" de la fogata, y el moderno o "civilizado" del radiador. En la fogata, el calor —en realidad, la llama— se ve, quema, danza de una forma frenética, sufre, suspira y muere entre tormentos, convirtiéndose en ceniza. Obsérvese cómo el movimiento continuo de la llama se expresa rítmicamente con repeticiones y enumeraciones sin conjunciones. En cambio, el calor del radiador es oculto, silencioso, es una *nueva criatura* moderna; de ahí los términos propios de la técnica y la ciencia (*geometría sin angustia, paralelos tubos, termómetros*). No obstante, con el fin de embellecer esta realidad industrial, Salinas recurre a metáforas de raíz clásica e incluso mitológica. El agua caliente de los radiadores es una *sirena* moderna por la que siente *amores verticales* el mercurio que asciende por los termómetros (*donceles cristalinos*), personificado también como el dios griego Mercurio, encargado de llevar los mensajes; en este caso, el del calor que produce el radiador.

[33]

LAS MÁQUINAS

Tanta armonía a punto de vibrar
tiembla. ¡Qué encrucijada de crujidos!
... Fragor. Y se derrumba en un escándalo
de máquinas, sin transición monótonas.
Se deslizan los émbolos.[1] Son suaves
y resbalan. Exactos, casi estúpidos,
los émbolos se obstinan. Quieren, quieren
con ansia tal que llega a ser aliento.
Hay un latido de animal. Se excita
la exactitud. ¡Exactitud ya tierna![1]

JORGE GUILLÉN
Cántico, 1936

---

1 *émbolo*: pieza que se mueve en el interior del cilindro de una máquina comprimiendo el fluido que hay en él o siendo empujada por este. El movimiento del émbolo produce el de la máquina.

1 Al igual que Salinas, Guillén exalta la belleza de la técnica moderna al describir la prodigiosa energía que ocultan las máquinas y la extraordinaria precisión con que se mueven. El poeta recrea ese movimiento con logrados recursos: aliteraciones que reproducen los sonidos (*encrucijadas* de *crujidos*, *fragor*, *se excita la exactitud*), verbos de movimiento (*vibrar, temblar, crujir, derrumbarse, deslizarse, resbalar*), repeticiones, etc. Observa cómo se produce una progresiva animalización de las máquinas hasta alcanzar una cualidad tan humana como la ternura. Es un recurso parecido al que emplea Salinas en el poema anterior. La exclamación final, bella síntesis de ciencia y sentimiento, de humanización de las máquinas, resume la visión optimista del mundo y del progreso de Jorge Guillén, que contrasta con el pesimismo de otros autores que ven en la técnica un peligro de deshumanización.

Aventureros, héroes, rebeldes y marginados

[34]

CANCIÓN DEL PIRATA

Con diez cañones por banda,
viento en popa, a toda vela,[1]
no corta el mar, sino vuela
un velero bergantín.
Bajel[2] pirata que llaman,
por su bravura, el *Temido*,
en todo mar conocido
del uno al otro confín.

La luna en el mar rïela,[3]
en la lona gime el viento,
y alza en blando movimiento
olas de plata y azul;
y ve el capitán pirata,
cantando alegre en la popa,
Asia a un lado, al otro Europa,
y allá a su frente Estambul.[1]

«Navega, velero mío,
    sin temor,
que ni enemigo navío,
ni tormenta, ni bonanza[4]
tu rumbo a torcer alcanza,
ni a sujetar tu valor.

---

1 *viento en popa, a toda vela*: navegando la embarcación con mucho viento (*a toda vela*), y soplando este de la parte posterior del barco (*popa*).
2 *velero bergantín*: barco de dos palos con velas cuadradas; *bajel*: barco.
3 *rïela*: brilla con luz trémula; la *i* lleva diéresis para crear un hiato y convertir el verso en octosílabo.
4 *bonanza*: 'calma chicha, tiempo tranquilo o sereno en el mar', que, naturalmente, impedía la navegación a vela.

1 Estambul es una ciudad turca situada en la costa oeste del estrecho del Bósforo, el cual separa Europa de Asia.

Veinte presas
hemos hecho
a despecho
del inglés,[2]
y han rendido
sus pendones[5]
cien naciones
a mis pies.

Que es mi barco mi tesoro,
que es mi dios la libertad,
mi ley, la fuerza y el viento,
mi única patria, la mar.

Allá muevan feroz guerra
    ciegos reyes
por un palmo más de tierra;
que yo tengo aquí por mío
cuanto abarca el mar bravío,
a quien nadie impuso leyes.

Y no hay playa,
sea cualquiera,
ni bandera
de esplendor,
que no sienta
mi derecho
y dé pecho[6]
a mi valor.

Que es mi barco mi tesoro,
que es mi dios la libertad,
mi ley, la fuerza y el viento,
mi única patria, la mar.

---

5 *pendón*: bandera, estandarte.
6 *dé pecho*: pague tributo.

2 Alusión al poderío naval inglés, que desde finales del siglo XVIII dominó los mares; de ahí el orgullo del pirata que burla o desafía a los ingleses.

A la voz de "¡barco viene!"
  es de ver
cómo vira⁷ y se previene
a todo trapo⁸ a escapar.
Que yo soy el rey del mar,
y mi furia es de temer.

  En las presas
  yo divido
  lo cogido
  por igual.
  Solo quiero
  por riqueza
  la belleza
  sin rival.³

Que es mi barco mi tesoro,
que es mi dios la libertad,
mi ley, la fuerza y el viento,
mi única patria, la mar.

Sentenciado estoy a muerte.
  Yo me río;
no me abandone la suerte,
y al mismo que me condena
colgaré de alguna entena⁹
quizá en su propio navío.

  Y si caigo,
  ¿qué es la vida?
  Por perdida
  ya la di,

---

7 *virar*: cambiar bruscamente de dirección.
8 *a todo trapo*: a toda vela.
9 *entena*: o *antena*, verga atravesada sobre el mástil y de la que pende la vela.

3 Según cuentan algunos relatos históricos, los piratas mantenían entre sí una relación de camaradería, respetaban unas normas internas de organización, en ocasiones elegían democráticamente a su capitán, y distribuían de manera equitativa el botín obtenido en el asalto a los barcos o a las ciudades costeras. Esa misma generosidad es la que muestra este ficticio pirata romántico, amante de la belleza.

> cuando el yugo
> del esclavo,
> como un bravo
> sacudí.
>
> Que es mi barco mi tesoro,
> que es mi dios la libertad,
> mi ley, la fuerza y el viento,
> mi única patria, la mar.
>
> Son mi música mejor
>   aquilones,[10]
> el estrépito y temblor
> de los cables[11] sacudidos,
> del negro mar los bramidos
> y el rugir de mis cañones.
>
> Y del trueno
> al son violento,
> y del viento
> al rebramar,
> yo me duermo
> sosegado,
> arrullado[12]
> por el mar.
>
> Que es mi barco mi tesoro,
> que es mi dios la libertad,
> mi ley, la fuerza y el viento,
> mi única patria, la mar.»[4]

JOSÉ DE ESPRONCEDA
Poesías, 1840

---

10 *aquilón*: viento del norte.
11 *cable*: maroma, cabo grueso.
12 *arrullado*: adormecido.

4 Este poema constituye un canto romántico al hombre rebelde que reivindica con orgullo su independencia frente a la sociedad, cuyos valores y leyes desafía abiertamente, y proclama su amor por la libertad aun a riesgo de su propia vida, que desprecia altanero. Espronceda exalta en el pirata a un tipo marginal vilipendiado por la sociedad, de la que es víctima; en otros poemas defiende a otros seres marginados, como en «El mendigo» o «El verdugo».

[35]

CASTILLA[1]

El ciego sol se estrella
en las duras aristas de las armas,
llaga de luz los petos y espaldares[1]
y flamea[2] en las puntas de las lanzas.

5 El ciego sol, la sed y la fatiga.
Por la terrible estepa castellana,
al destierro, con doce de los suyos
—polvo, sudor y hierro—, el Cid cabalga.

Cerrado está el mesón a piedra y lodo...[3]
10 Nadie responde. Al pomo de la espada
y al cuento de las picas, el postigo
va a ceder...[4] ¡Quema el sol, el aire abrasa!

A los terribles golpes,
de eco ronco, una voz pura, de plata
15 y de cristal, responde... Hay una niña
muy débil y muy blanca
en el umbral. Es toda
ojos azules; y en los ojos, lágrimas.
Oro pálido nimba[5]
20 su carita curiosa y asustada.

---

1 *llaga de luz los petos y espaldares*: la luz solar es tan intensa que —metafóricamente— produce llagas (*llaga*) en la coraza metálica que, por delante (*peto*) y por detrás (*espaldar*), resguardaba el cuerpo del guerrero.
2 *flamea*: despide llamas.
3 *a piedra y lodo*: a cal y canto, cerrado de manera que no se puede abrir.
4 *al pomo [...] va a ceder*: '[con los golpes] del refuerzo defensivo sobre la empuñadura de la espada (*pomo*) y de la pieza metálica (*cuento*) que llevan las lanzas (*picas*) en su base, la puerta pequeña que hay dentro de la mayor (*postigo*) va a ceder'.
5 *nimba*: 'adorna su cabeza como un *nimbo* o aureola'; se refiere al cabello rubio (*oro pálido*) de la niña.

1 Este poema dramatiza el primer episodio del *Poema de Mío Cid*. El Cid ha sido desterrado de Castilla por el rey Alfonso VI, y Rodrigo Díaz, en compañía de algunos vasallos leales, emprende el duro camino del destierro. Llegados a Burgos, buscan alojamiento, pero el rey ha prohibido, bajo pena de muerte, que se les conceda hospitalidad.

—¡Buen Cid! Pasad... El rey nos dará muerte,
arruinará la casa
y sembrará de sal el pobre campo
que mi padre trabaja...
Idos. El Cielo os colme de venturas...
¡En nuestro mal, oh Cid, no ganáis nada![2]

Calla la niña y llora sin gemido...
Un sollozo infantil cruza la escuadra[6]
de feroces guerreros,
y una voz inflexible grita: «¡En marcha!»

El ciego sol, la sed y la fatiga.
Por la terrible estepa castellana,
al destierro, con doce de los suyos
—polvo, sudor y hierro—, el Cid cabalga.[3]

MANUEL MACHADO
Alma, 1900

---

6 *escuadra*: pequeño grupo de soldados.

2 Este verso es reproducción casi literal —por ello va en cursiva— de las palabras que la niña pronuncia en el *Poema de Mío Cid*.

3 La robustez y ferocidad de los guerreros se contrasta con la delicadeza e indefensión de la niña. Pero pese a la necesidad de reposo y refrigerio que, en tan tórrido ambiente, acucia a los hombres del Cid, el héroe ordena marchar, dando así muestras de su magnanimidad.

[36]

MUERTE DE ANTOÑITO
EL CAMBORIO

Voces de muerte sonaron
cerca del Guadalquivir.
Voces antiguas que cercan
voz de clavel varonil.[1]
5 Les clavó sobre las botas
mordiscos de jabalí.
En la lucha daba saltos
jabonados de delfín.[2]
Baño con sangre enemiga
10 su corbata carmesí,[1]
pero eran cuatro puñales
y tuvo que sucumbir.
Cuando las estrellas clavan
rejones al agua gris,
15 cuando los erales[2] sueñan
verónicas[3] de alhelí,[3]
voces de muerte sonaron
cerca del Guadalquivir.

*

Antonio Torres Heredia,
20 Camborio de dura crin,[4]

---

1 *carmesí*: color rojo intenso.
2 *eral*: toro que no llega a dos años.
3 *verónica*: tipo de lance o suerte del toreo que consiste en recibir al toro desde lejos con la capa extendida y agarrada con ambas manos.
4 *crin*: 'cerdas que tienen algunos animales en la parte superior del cuello'; aquí, 'cabello'; en el v. 6 ha comparado al gitano con un jabalí.

1 Es decir, 'las voces de los gitanos (que son *antiguas* porque su raza lo es) rodean a la voz de Antoñito el Camborio (que es *clavel* porque el color rojo de esta flor simboliza la pasión y el valor)'.
2 Esta atrevida metáfora expresa la habilidad con que el Camborio se escurre en la lucha.
3 La metáfora en que la luz de las estrellas se identifica con rejones que se clavan en el agua —por el hecho de reflejarse en ella— y la alusión a una suerte del toreo constituyen dos imágenes que enlazan la naturaleza y la fiesta sangrienta de los toros con la tragedia que se está desarrollando.

```
              moreno de verde luna,⁴
              voz de clavel varonil:
              ¿Quién te ha quitado la vida
              cerca del Guadalquivir?
25            Mis cuatro primos Heredias
              hijos de Benamejí.⁵
              Lo que en otros no envidiaban,
              ya lo envidiaban en mí.
              Zapatos color corinto,⁵
30            medallones de marfil,
              y este cutis amasado
              con aceituna y jazmín.
              ¡Ay Antoñito el Camborio,
              digno de una Emperatriz!
35            Acuérdate de la Virgen
              porque te vas a morir.
              ¡Ay Federico García,
              llama a la Guardia Civil!
              Ya mi talle se ha quebrado
40            como caña de maíz.⁶

                       *

              Tres golpes de sangre tuvo
              y se murió de perfil.
              Viva moneda que nunca
              se volverá a repetir.⁷
```

---

5 *corinto*: color rojo oscuro como las uvas de Corinto.

4 Alusión al color de la tez del gitano. Esta asociación de colores se encuentra ya en *La gitanilla* de Cervantes ("Por un morenico de color verde, / ¿quién es la fogosa que no se pierde?") y en Juan Ramón Jiménez.

5 Naturales de dicho pueblo de la provincia de Córdoba.

6 Este pasaje dramático, en el que el propio poeta dialoga con el gitano agonizante, contrasta con el estilo narrativo y descriptivo del resto del poema.

7 Esa muerte *de perfil* es asociada por Lorca con las monedas en que se graban los rostros de emperadores (en el v. 34 ha dicho que el Camborio era "digno de una Emperatriz"); con ello ennoblece y mitifica la figura del gitano, lo que no resulta incompatible con los ángeles agitanados que lo atienden tras su muerte, uno *marchoso* ('gallardo', 'elegante', pero también 'juerguista') y otros de *rubor cansado* (¿quizá por la hora intempestiva a la que son requeridos sus servicios?).

Un ángel marchoso pone
su cabeza en un cojín.
Otros de rubor cansado,
encendieron un candil.
Y cuando los cuatro primos
llegan a Benamejí,
voces de muerte cesaron
cerca del Guadalquivir.[8]

FEDERICO GARCÍA LORCA
Romancero gitano, 1928

---

[8] El gitano no es para Lorca una figura folclórica o pintoresca, sino el representante de una etnia milenaria y oriental, de antiguos y míticos orígenes, que conserva muchas de sus viejas costumbres y formas de vida y que a menudo es víctima de una civilización moderna que rechaza y estigmatiza toda cultura diferente a la suya. Para Lorca, Antoñito el Camborio es el "gitano verdadero, incapaz del mal, como muchos que en estos momentos mueren de hambre por no vender su voz milenaria a los señores que no poseen más que dinero". Estos gitanos, añade el poeta, "se atacan sin saber por qué, por causas misteriosas, por una mirada, por una rosa [...], por un amor de hace dos siglos..."

Libertad, compromiso y solidaridad

[37]

ALTURAS DE MACCHU PICCHU[1]

Sube a nacer conmigo, hermano.

Dame la mano desde la profunda
zona de tu dolor diseminado.[1]
No volverás al fondo de las rocas.
5 No volverás del tiempo subterráneo.
No volverá tu voz endurecida.
No volverán tus ojos taladrados.
Mírame desde el fondo de la tierra,
labrador, tejedor, pastor callado:
10 domador de guanacos tutelares:[2]
albañil del andamio desafiado:
aguador de las lágrimas andinas:
joyero de los dedos machacados:
agricultor temblando en la semilla:
15 alfarero en tu greda derramado:[3]
traed a la copa de esta nueva vida
vuestros viejos dolores enterrados.
Mostradme vuestra sangre y vuestro surco,
decidme: aquí fui castigado,

---

1 *diseminado*: esparcido, extendido.
2 *guanaco*: mamífero rumiante de pequeño tamaño, parecido a la llama, que vive en estado salvaje a gran altura en la zona de los Andes. Neruda lo califica de *tutelar* ('que ampara o defiende') porque era un animal importante para la economía de los incas.
3 *en tu greda derramado*: volcado sobre tu *greda* ('arcilla moldeable utilizada en alfarería').

1 Esta composición pertenece al *Canto general*, grandioso poema épico compuesto de quince cantos en que Neruda nos habla de la historia del subcontinente americano desde la etapa precolombina a la posterior a la colonización. «Alturas de Macchu Picchu» es el canto segundo, y este poema su última sección. En este canto Neruda asciende a las ruinas monumentales de Macchu Picchu, una ciudad que los incas construyeron, en el siglo XV, a gran altura en los Andes peruanos; y, una vez allí, el poeta reflexiona sobre las muertes que la dificultad de su construcción, a tanta altura, debió ocasionar.

porque la joya no brilló o la tierra
no entregó a tiempo la piedra o el grano:
señaladme la piedra en que caísteis
y la madera en que os crucificaron,
encendedme los viejos pedernales,[4]
las viejas lámparas, los látigos pegados
a través de los siglos en las llagas
y las hachas de brillo ensangrentado.
Yo vengo a hablar por vuestra boca muerta.
A través de la tierra juntad todos
los silenciosos labios derramados
y desde el fondo habladme toda esta larga noche,
como si yo estuviera con vosotros anclado,
contadme todo, cadena a cadena,
eslabón a eslabón, y paso a paso,
afilad los cuchillos que guardasteis,
ponedlos en mi pecho y en mi mano,
como un río de rayos amarillos,
como un río de tigres enterrados,
y dejadme llorar, horas, días, años,
edades ciegas, siglos estelares.

Dadme el silencio, el agua, la esperanza.

Dadme la lucha, el hierro, los volcanes.

Apegadme[5] los cuerpos como imanes.

Acudid a mis venas y a mi boca.

Hablad por mis palabras y mi sangre.[2]

PABLO NERUDA
Canto general, 1950

---

[4] *pedernal*: piedra de cuarcita que al ser golpeada produce chispa, por lo que se usaba para hacer fuego.

[5] *apegar*: forma popular de *pegar* ('unir una cosa con otra').

[2] Neruda asume la voz de los oprimidos, de las víctimas silenciosas del poder ("Yo vengo a hablar por vuestra boca muerta") y convierte su poesía en un arma de denuncia y combate a través de la cual se rebela el pueblo contra la opresión a que ha sido sometido a lo largo de los siglos.

[38]

EL NIÑO YUNTERO[1]

Carne de yugo,[2] ha nacido
más humillado que bello,
con el cuello perseguido
por el yugo para el cuello.

Nace, como la herramienta,
a los golpes destinado,
de una tierra descontenta
y un insatisfecho arado.

Entre estiércol puro y vivo
de vacas, trae a la vida
un alma color de olivo
vieja ya y encallecida.

Empieza a vivir, y empieza
a morir de punta a punta
levantando la corteza
de su madre con la yunta.[3]

Empieza a sentir, y siente
la vida como una guerra,
y a dar fatigosamente
en los huesos de la tierra.

Contar sus años no sabe,
y ya sabe que el sudor
es una corona grave
de sal para el labrador.

---

1 *yuntero*: el que labra la tierra con una pareja de animales o *yunta*.
2 *yugo*: 'pieza de madera que se coloca en el cuello de las mulas o bueyes que forman la yunta, la cual sujeta el timón del arado'; significa también, en sentido figurado, 'opresión', 'esclavitud'. Miguel Hernández lo usa en los dos sentidos en esta frase construida a imitación de *carne de cañón* ('soldados destinados a ocupar los puestos de más peligro').
3 Esto es, 'el camino que va del nacimiento a la muerte, a la que está abocado fatalmente el niño, porque nace ya con un alma *vieja ya y encallecida*, es el mismo que recorre de una *punta* a otra del campo, levantando la corteza de su *madre* ('la naturaleza') con la yunta'.

Trabaja, y mientras trabaja
masculinamente serio,
se unge de lluvia[4] y se alhaja
de carne de cementerio.

A fuerza de golpes, fuerte,
y a fuerza de sol, bruñido,[5]
con una ambición de muerte
despedaza un pan reñido.

Cada nuevo día es
más raíz, menos criatura,
que escucha bajo sus pies
la voz de la sepultura.

Y como raíz se hunde
en la tierra lentamente
para que la tierra inunde
de paz y panes su frente.[1]

Me duele este niño hambriento
como una grandiosa espina,
y su vivir ceniciento
revuelve mi alma de encina.

Lo veo arar los rastrojos,[6]
y devorar un mendrugo,

---

4 *ungir*: 'signar con óleo sagrado a una persona para consagrarla en alguna alta dignidad, principalmente la real, o para administrarle un sacramento'. Aquí, la lluvia, al empapar al niño yuntero mientras trabaja, lo dignifica.
5 *bruñido*: figuradamente, 'lustroso', 'maquillado', esto es, 'moreno'.
6 *rastrojos*: campo en que quedan residuos de las cañas de la mies, después de ser segada esta.

1 La comparación del niño con una raíz que se hunde en la tierra y de esta con una sepultura que tira de él, expresa de manera elocuente la explotación de que es objeto el niño, y que Miguel Hernández, de origen humilde, también padeció en su infancia cuando fue obligado por su padre a pastorear cabras. Quizá por ello hace suyo como ningún otro poeta el sufrimiento de la infancia explotada. "Al hijo del rico", escribirá en 1937, "se le daba a escoger títulos y carreras: al hijo del pobre siempre se le ha obligado a ser mulo de carga de todos los oficios... Se le ha empujado contra el barbecho, contra el yunque, contra el andamio; se le ha obligado a empuñar una herramienta que, tal vez, no le correspondía".

y declarar con los ojos
que por qué es carne de yugo.

Me da su arado en el pecho,
y su vida en la garganta,
y sufro viendo el barbecho[7]
tan grande bajo su planta.

¿Quién salvará este chiquillo
menor que un grano de avena?
¿De dónde saldrá el martillo
verdugo de esta cadena?

Que salga del corazón
de los hombres jornaleros,
que antes de ser hombres son
y han sido niños yunteros.[2]

Miguel Hernández
Viento del pueblo, 1937

---

7 *barbecho*: tierra que se deja sin sembrar durante uno o más años.

2 La actitud de Miguel Hernández ante la injusticia no es de resignación ni de compasión caritativa. Apela a los "hombres jornaleros", los trabajadores, para que, tomando conciencia de su situación —no otro es el propósito de este poema—, luchen por su liberación, convirtiéndose en el "martillo verdugo" de quienes los explotan.

[39]

FIDELIDAD

Creo en el hombre. He visto
espaldas astilladas a trallazos,[1]
almas cegadas avanzando a brincos
(españas a caballo
del dolor y del hambre).[1] Y he creído.

Creo en la paz. He visto
altas estrellas, llameantes ámbitos
amanecientes, incendiando ríos
hondos, caudal humano
hacia otra luz: he visto y he creído.

Creo en ti, patria. Digo
lo que he visto: relámpagos
de rabia, amor en frío, y un cuchillo
chillando, haciéndose pedazos
de pan: aunque hoy hay solo sombra, he visto
y he creído.[2]

BLAS DE OTERO
Pido la paz y la palabra, 1955

---

1 *trallazos*: latigazos; obsérvese el efecto fónico del verso.

1 Esas *españas*, en minúscula, es una alusión a los hombres y mujeres oprimidos de España. Nótese que la expresión "a caballo", retomando la idea del avance ("a brincos") del pueblo, tiene el sentido de 'apoyado' o 'sobre' el dolor y el hambre, significado que se refuerza formalmente con el encabalgamiento.

2 En este poema Blas de Otero hace profesión de fe en el hombre, y no religiosa. A pesar de la opresión política y social, "del dolor y del hambre" de sus compatriotas, el poeta tiene esperanza en un futuro de "llameantes ámbitos / amanecientes", de "otra luz", porque ha comprobado que el dolor y la rabia, un "cuchillo / chillando", se están transformando en "pedazos / de pan", esto es, germinan en vida y no en muerte.

La guerra

[40]

1936

fue en la edad de nuestro primer amor
cuando los mensajes son propicios al precoz
   embelesamiento[1]
y los suaves atardeceres toman un perfume dulcísimo
en forma de muchacha azul o de mayo que desaparece
5 cuando[1]
unos hombres duros como el sol del verano
ensangrentaban la tierra blasfemando
de otros hombres tan duros como ellos
tenían prisa por matar para no ser matados
10 y vimos asombrados con inocente pupila
el terror de los fusilados amaneceres
las largas caravanas de camiones desvencijados[2]
en cuyo fondo los acurrucados individuos
eran llevados a la muerte como acosada manada
15 era la guerra el terror los incendios era la patria
   suicidada
eran los siglos podridos reventando
vimos las gentes despavoridas en un espanto
   de consignas atroces[3]
iban y venían insultaban denunciaban mataban
eran los héroes decían golpeando

---

1 'Cuando las palabras amorosas (*mensajes*) se prestan a que uno se quede cautivado (*embelesamiento*) a edad temprana (*precoz*)'.
2 *desvencijado*: descuajaringado, roto.
3 *consignas atroces*: órdenes crueles, inhumanas.

1 Miguel Labordeta tenía quince años cuando en julio de 1936 estalló la guerra civil española; pertenece, por tanto, a una generación cuya adolescencia ("fue en la edad de nuestro primer amor") fue truncada por la violencia y el horror que entonces se desató. La irrupción de la guerra en sus vidas se expresa con un cambio brusco del tono a partir de este verso quinto: el ambiente sensual y soñador deja paso a la descripción de la guerra civil.

20 las ventanillas de los trenes repletos de carne de cañón[4]
    nosotros no entendíamos apenas el suplicio
    y la hora dulce de un jardín con alegría y besos
    fueron noches salvajes de bombardeo noticias lúgubres
    la muerte banderín de enganche cada macilenta aurora[2]
25 y héteme aquí solo ante mi vejez más próxima
    preguntar en silencio
    qué fue de nuestro vuelo de remanso[5]
    por qué pagamos las culpas colectivas
    de nuestro viejo pueblo sanguinario
30 quién nos resarcirá[6] de nuestra adolescencia destruida
    aunque no fuese a las trincheras
    vanas[7] son las preguntas a la piedra
    y mudo el destino insaciable por el viento
    mas quiero hablarte aquí de mi generación perdida
35 de su cólera paloma en una sala de espera con un reloj
        parado para siempre
    de sus besos nunca recobrados
    de su alegría asesinada
    por la historia siniestra
    de un huracán terrible de locura[3]

Miguel Labordeta
Los soliloquios, 1969

---

4 *carne de cañón*: gente que es destinada en la guerra a ocupar los puestos de mayor peligro.

5 *vuelo de remanso*: vuelo pausado, lento.

6 *resarcir*: compensar.

7 *vanas*: inútiles.

2 'La muerte nos visitaba (*banderín de enganche* es la 'oficina en que se alistan los reclutas') cada pálido o demacrado amanecer (*macilenta aurora*)'. La ausencia de puntuación y la acumulación precipitada de hechos y acciones pretenden reflejar el horror y la brutalidad de una lucha fratricida que no llegaban a comprender.

3 La "adolescencia destruida" o la "alegría asesinada" son parte del triste balance que la generación del poeta tuvo que pagar, víctima de la historia de un "viejo pueblo sanguinario", como califica al pueblo español. Al margen de las circunstancias concretas de la guerra civil española, podemos considerar este poema como una denuncia del horror de cualquier guerra y un grito angustiado de sus numerosas víctimas inocentes.

[41]

Tristes guerras
si no es amor la empresa.[1]
Tristes. Tristes.

Tristes armas
si no son las palabras.
Tristes. Tristes.

Tristes hombres
si no mueren de amores.
Tristes. Tristes.[1]

MIGUEL HERNÁNDEZ
Cancionero y romancero de ausencias, 1938-1941

---

1 *empresa*: designio, objetivo, acción emprendida.

1 Solo el amor justifica la lucha o la muerte (figuradas o metafóricas); solo las palabras deben utilizarse como armas. En este breve poema de estructura paralelística y repetitiva, prodigio de contención e intensidad, Miguel Hernández condena la guerra —en su caso, la guerra civil española— que solo siembra odio destructivo o se guía por intereses egoístas.

[42]

MASA

Al fin de la batalla,
y muerto el combatiente, vino hacia él un hombre
y le dijo: «¡No mueras, te amo tanto!»
Pero el cadáver ¡ay! siguió muriendo.

5 Se le acercaron dos y repitiéronle:
«¡No nos dejes! ¡Valor! ¡Vuelve a la vida!»
Pero el cadáver ¡ay! siguió muriendo.

Acudieron a él veinte, cien, mil, quinientos mil,
clamando: «¡tanto amor y no poder nada
     contra la muerte!»
10 Pero el cadáver ¡ay! siguió muriendo.

Le rodearon millones de individuos,
con un ruego común: «¡Quédate, hermano!»
Pero el cadáver ¡ay! siguió muriendo.

Entonces, todos los hombres de la tierra
15 le rodearon; les vio el cadáver triste, emocionado;
incorporose lentamente,
abrazó al primer hombre; echose a andar...[1]

CÉSAR VALLEJO
España, aparta de mí este cáliz, 1939

---

1 El título sintetiza el tema de la composición: toda la humanidad unida en una *masa* hermanada y solidaria sería capaz de vencer a la muerte. Se trata de un hermoso y originalísimo canto a la solidaridad universal, una unión amorosa entre "todos los hombres de la tierra" que acabaría con la violencia y la guerra.

[43]

GUIRNALDA CIVIL[1]

Innúmeras son ya las vidas truncas.[2]
Cadáveres sepultos no se sabe
dónde: no hay cementerios de vencidos.
Gente medio enterrada en sus prisiones.
Algunos huyen, otros se destierran
para no perecer de propia cólera.
Pero entre tantas muertes y catástrofes
algo subsiste sin cesar feroz,
el más feroz de todos los poderes:
vida, vida sin fin.

        Y poco a poco,
y sin cesar, inexorablemente[3]
se reanudan las formas cotidianas,
se inventan soluciones.
La vida es implacable.[1]

JORGE GUILLÉN
Y otros poemas, 1973

---

1 *guirnalda*: 'corona abierta, tejida de flores, hierbas o ramas, con que se ciñe la cabeza'. Con una *corona civil* se premiaba en la antigüedad al ciudadano que salvaba a otro en la guerra. En este poema, y por oposición a la *corona funeraria*, la *guirnalda civil* supone, simbólicamente, un reconocimiento o premio a la fuerza de la vida por su triunfo frente al poder destructivo de la guerra *civil* (o, como se ha dicho, *incivil*).
2 *truncas*: truncadas, rotas, partidas.
3 *inexorablemente*: sin dejarse vencer por ruegos.

1 Guillén alude al triunfo franquista en la guerra civil y a la implacable persecución a que se sometió después a los vencidos: vidas destrozadas, muertos y enterrados "no se sabe dónde", cárceles llenas de presos, huidos, desterrados, como el propio Guillén, "para no perecer de propia cólera"... Pero si el poder destructivo de la muerte y la guerra es fuerte, mucho más lo es el poder creador de la vida, "el más feroz de todos los poderes", "inexorable" e "implacable" ('que no se deja amansar'). Una vez más, Jorge Guillén muestra su profunda fe en la vida, su confianza en los valores positivos del hombre, que, en su opinión, acaban siempre triunfando.

OTOÑO

La naturaleza

[44]

Tristeza dulce del campo...
La tarde viene cayendo;
de las praderas segadas
llega un suave olor a heno.[1]

5 Los pinares se han dormido;
sobre la colina, el cielo
es tristemente violeta;
canta un ruiseñor despierto.

Vengo detrás de una copla
10 que había por el sendero,
copla de llanto, aromada
con el olor de este tiempo;

una copla que lloraba
no sé qué cariño muerto,
15 de otras tardes de septiembre
que olieron también a heno.[1]

JUAN RAMÓN JIMÉNEZ
Pastorales, 1905

---

1 *heno*: hierba segada y seca, para alimento del ganado.

1 La sinestesia ("tristeza dulce", "copla de llanto, aromada / con el olor de este tiempo") y la personificación ("tristeza [...] del campo", "los pinares se han dormido") son recursos frecuentes en la poesía simbolista, que, como en este poema, tratan de expresar estados anímicos en íntima correspondencia con los valores sensoriales del paisaje, que se convierte en un reflejo del espíritu. El olor a heno, el crepúsculo, la "copla de llanto", la tarde de septiembre, contribuyen a crear una sensación, asociada tradicionalmente al otoño, de tristeza y nostalgia, que impregna el poema y el alma del poeta.

[45]

MARZO[1]

Otoño de oro molido
y de aire pasado por filtros;
violetas de mar y de tierra
deshilan sus pétalos finos.

Ensueño de plata pulida,
abeja de nueva esperanza.
Las aguas saladas me piden
un verso con forma de barca.

Otoño de vientos crinados[1]
y el sol de la barba ligera.
Un celeste jazmín de horizontes
en la red de mi ansia se queda.

Almohada de luna en el sueño,
manzana de miel en el día,
mañana, mañana la tarde
vendrá ya vestida de lila.[2]

JUANA DE IBARBOUROU (1895-1979)

---

1 *crinados*: peinados (en sentido metafórico).

1 El otoño, en el hemisferio austral, corresponde a nuestra primavera. El mes de marzo, por tanto, es pleno otoño en Uruguay, país de origen de Juana de Ibarbourou.

2 El poema es una serie de metáforas descriptivas, cargadas de melancólica sensualidad y de suaves tonalidades cromáticas ("oro molido", "filtros", "violetas", "plata pulida", "celeste jazmín") que culminan en esa tarde "vestida de lila", angustiado presagio de la llegada del invierno, de la vejez.

El rostro sereno del amor

[46]

LA NOCHE EN LA ISLA

Toda la noche he dormido contigo
junto al mar, en la isla.
Salvaje y dulce eras entre el placer y el sueño,
entre el fuego y el agua.

Tal vez muy tarde
nuestros sueños se unieron
en lo alto o en el fondo,
arriba como ramas que un mismo viento mueve,
abajo como rojas raíces que se tocan.

Tal vez tu sueño
se separó del mío
y por el mar oscuro
me buscaba
como antes
cuando aún no existías,
cuando sin divisarte
navegué por tu lado,
y tus ojos buscaban
lo que ahora
—pan, vino, amor y cólera—
te doy a manos llenas
porque tú eres la copa
que esperaba los dones de mi vida.

He dormido contigo
toda la noche mientras
la oscura tierra gira
con vivos y con muertos,
y al despertar de pronto
en medio de la sombra

30 mi brazo rodeaba tu cintura.
Ni la noche, ni el sueño
pudieron separarnos.[1]

He dormido contigo
y al despertar tu boca
35 salida de tu sueño
me dio el sabor de tierra,
de agua marina, de algas,
del fondo de tu vida,
y recibí tu beso
40 mojado por la aurora
como si me llegara
del mar que nos rodea.[2]

PABLO NERUDA
Los versos del capitán, 1952

---

[1] La noche junto a la amada como imagen perfecta de la felicidad es un tema constante en la poesía de todos los tiempos. En Neruda, esta plenitud de la compañía amorosa, acentuada por el contraste con la soledad que les rodea —la noche, la isla, el mar...—, se manifiesta no solo a través de la unión física sino mediante la fusión de los sueños de ambos.

[2] Para Neruda la amada, a la que a menudo asocia con la naturaleza, representa la plenitud del universo. Por eso su poesía adopta un tono cósmico y los amantes se unen "en lo alto o en el fondo", y el beso de la amada tiene "sabor de tierra, / de agua marina" y está "mojado por la aurora".

[47]

VIENES A MÍ...

Vienes a mí, te acercas y te anuncias
con tan leve rumor, que mi reposo
no turbas, y es un canto milagroso
cada una de las frases que pronuncias.

Vienes a mí, no tiemblas, no vacilas,
y hay al mirarnos atracción tan fuerte,
que lo olvidamos todo, vida y muerte,
suspensos en la luz de tus pupilas.

Y mi vida penetras y te siento
tan cerca de mi propio pensamiento
y hay en la posesión tan honda calma,

que interrogo al misterio en que me abismo
si somos dos reflejos de un ser mismo,
la doble encarnación de una sola alma.[1]

ENRIQUE GONZÁLEZ MARTÍNEZ (1871-1952)

---

[1] El amor es descrito en estos versos como la fusión, en cuerpo y alma, de dos seres en uno. El poeta mejicano Enrique González Martínez nos muestra en este soneto uno de los rostros más serenos del amor. La presencia de la amada no turba el reposo, la simple mirada es unión espontánea y olvido de cuanto les rodea, y la posesión no va acompañada de frenesí sino de "honda calma". La identificación es tan absoluta que el amado se interroga si no serán un mismo ser, una sola alma, encarnados en cuerpos distintos. Esta misma idea, aunque de manera muy diferente, la expresa Bécquer en la rima «Dos rojas lenguas de fuego» (poema 26).

[48]

SOLO TU AMOR Y EL AGUA

Solo tu amor y el agua... Octubre junto al río
bañaba los racimos dorados de la tarde,
y aquella luna odiosa iba subiendo, clara,
ahuyentando las negras violetas de la sombra.
Yo iba perdido, náufrago por mares de deseo,
cegado por la bruma suave de tu pelo.
De tu pelo que ahogaba la voz en mi garganta
cuando perdía mi boca en sus olas de niebla.
Solo tu amor y el agua... El río, dulcemente,
callaba sus rumores al pasar por nosotros,
y el aire estremecido apenas se atrevía
a mover en la orilla las hojas de los álamos.
Solo se oía, dulce como el vuelo de un ángel
al rozar con sus alas una estrella dormida,
el choque fugitivo que quiere hacerse eterno,
de mis labios bebiendo en los tuyos la vida.
Lo puro de tus senos me mordía en el pecho
con la fragancia tímida de dos lirios silvestres,
de dos lirios mecidos por la inocente brisa
cuando el verano extiende su ardor por las colinas.
La noche se llenaba de olores de membrillo,
y mientras en mis manos tu corazón dormía,
perdido, acariciante, como un beso lejano,
el río suspiraba...
       Solo tu amor y el agua...[1]

PABLO GARCÍA BAENA
Rumor oculto, 1946

---

[1] El poema es una sensual evocación del encuentro amoroso de dos amantes junto a un río. Los elementos de la naturaleza, únicos y silenciosos testigos, están personificados y participan de la emoción del momento ("el aire estremecido apenas se atrevía...", "el río suspiraba..."). En este marco natural tiene lugar la unión amorosa: observa cómo se evocan las tres fases del encuentro: el deseo y las primeras caricias en el pelo (descrito como "bruma suave", "olas de niebla"), la unión íntima ("mis labios bebiendo en los tuyos la vida", "lo puro de tus senos me mordía en el pecho") y el sosiego posterior ("en mis manos tu corazón dormía").

Elogio de las cosas humildes

[49]

CÁNTICO DOLOROSO AL CUBO
DE LA BASURA

Tu curva humilde, forma silenciosa,
le pone un triste anillo a la basura.
En ti se hizo redonda la ternura,
se hizo redonda, suave y dolorosa.

Cada cosa que encierras, cada cosa
tuvo esplendor, acaso hasta hermosura.
Aquí de una naranja se aventura
su delicada cinta leve y rosa.

Aquí de una manzana verde y fría
un resto llora zumo delicado
entre un polvo que nubla su agonía.

Oh, viejo cubo sucio y resignado,
desde tu corazón la pena envía
el llanto de lo humilde y lo olvidado.[1]

RAFAEL MORALES
Canción sobre el asfalto, 1954

---

1 Este hermoso soneto pone de manifiesto que la poesía no nace necesariamente de la contemplación de las cosas bellas, sino que a veces surge de la perspectiva cordial que el poeta adopta ante la realidad. La personificación del cubo de basura, al que el poeta se dirige en segunda persona, realza esa visión tierna, humana, con que se trata un objeto —y su contenido— tan comúnmente menospreciado.

[50]

ODA[1] A LOS CALCETINES

Me trajo Maru Mori
un par
de calcetines
que tejió con sus manos
de pastora,
dos calcetines suaves
como liebres.
En ellos
metí los pies
como en
dos
estuches
tejidos
con hebras[2] del
crepúsculo
y pellejo de ovejas.

Violentos calcetines,[3]
mis pies fueron
dos pescados
de lana,
dos largos tiburones
de azul ultramarino
atravesados
por una trenza de oro,
dos gigantescos mirlos,[4]
dos cañones:
mis pies
fueron honrados
de este modo

---

1 *oda*: composición poética de tono solemne en alabanza de algo o alguien.
2 *hebra*: porción de hilo, seda u otra materia hilada; el término es usado aquí metafóricamente.
3 El poeta califica de *violentos* a los calcetines debido a su intenso colorido.
4 *mirlo*: pájaro de color negro o pardo capaz de imitar sonidos.

por
estos
celestiales
calcetines.
Eran
tan hermosos
que por primera vez
mis pies me parecieron
inaceptables
como dos decrépitos[5]
bomberos, bomberos
indignos
de aquel fuego
bordado,
de aquellos luminosos
calcetines.

Sin embargo
resistí
la tentación aguda
de guardarlos
como los colegiales
preservan
las luciérnagas,[6]
como los eruditos[7]
coleccionan
documentos sagrados,
resistí
el impulso furioso
de ponerlos
en una jaula
de oro
y darles cada día

---

5 *decrépito*: muy viejo y deteriorado.
6 *luciérnaga*: pequeño insecto coleóptero; del abdomen de las hembras se desprende una luz fosforescente y blanquecina visible en las noches estivales.
7 *erudito*: persona que tiene muchos conocimientos sobre una materia.

alpiste
y pulpa de melón rosado.
Como descubridores
que en la selva
entregan el rarísimo
venado[8] verde
al asador
y se lo comen
con remordimiento,
estiré
los pies
y me enfundé
los
bellos
calcetines
y
luego los zapatos.
Y es esta
la moral de mi oda:
dos veces es belleza
la belleza
y lo que es bueno es doblemente
bueno
cuando se trata de dos calcetines
de lana
en el invierno.[1]

PABLO NERUDA
Nuevas odas elementales, 1956

---

8 *venado*: ciervo.

1 La belleza de los calcetines tienta al poeta a guardarlos intactos (Neruda era un apasionado coleccionista de todo tipo de objetos), pero decide usarlos y concluye que la utilidad refuerza la belleza de los calcetines, jugando además con el sentido de que sean un objeto doble y, por tanto, también doblemente bellos. Algo tan sencillo como unos calcetines es embellecido y ennoblecido por Neruda con brillantes metáforas y símiles: los calcetines son "liebres", "estuches / tejidos / con hebras / del crepúsculo", "fuego bordado", y el poeta quiere guardarlos como "los colegiales / preservan / las luciérnagas" o meterlos en "una jaula / de oro" y alimentarlos con "pulpa de melón rosado".

[51]

COMO TÚ...

Así es mi vida,
piedra,
como tú. Como tú,
piedra pequeña;
como tú,
piedra ligera;
como tú,
canto[1] que ruedas
por las calzadas
y por las veredas;
como tú,
guijarro humilde de las carreteras;
como tú,
que en días de tormenta
te hundes
en el cieno de la tierra
y luego
centelleas
bajo los cascos[2]
y bajo las ruedas;
como tú, que no has servido
para ser ni piedra
de una lonja,
ni piedra de una audiencia,[3]
ni piedra de un palacio,
ni piedra de una iglesia;[1]
como tú,
piedra aventurera;

---

1 *canto*: piedra redondeada o alisada por el arrastre de las aguas.
2 *casco*: pezuña del caballo.
3 *audiencia*: edificio en que está instalado el tribunal de justicia.

1 La lonja, la audiencia, el palacio y la iglesia representan, respectivamente, el comercio, las leyes, el poder político y la religión..., estamentos sociales para los que el poeta dice no servir ni con los que se identifica.

>   como tú,
> 30 que tal vez estás hecha
>   solo para una honda,[4]
>   piedra pequeña
>   y
>   ligera...[2]

LEÓN FELIPE
Versos y oraciones de caminante, 1920

---

4 *honda*: instrumento para arrojar piedras con fuerza; consiste en una cazoleta de cuero y dos largas tiras de cuerda o cuero con las que se voltea para dar mayor ímpetu al lanzamiento.

2 La sencillez y la humildad del objeto cantado es reflejo de la propia vida del poeta, que insiste obsesivamente en esa identidad espiritual ("como tú").

Nostalgia, meditación

[52]

CANCIÓN DE OTOÑO EN PRIMAVERA

Juventud, divino tesoro,
¡ya te vas para no volver!
Cuando quiero llorar, no lloro...
y a veces lloro sin querer...

5 Plural ha sido la celeste
historia de mi corazón.[1]
Era una dulce niña, en este
mundo de duelo y aflicción.[1]

Miraba como el alba pura;
10 sonreía como una flor.
Era su cabellera obscura
hecha de noche y de dolor.

Yo era tímido como un niño.
Ella, naturalmente, fue,
15 para mi amor hecho de armiño,[2]
Herodías y Salomé...[2]

Juventud, divino tesoro,
¡ya te vas para no volver!
Cuando quiero llorar, no lloro,
20 y a veces lloro sin querer...

---

1 *duelo y aflicción*: dolor y sufrimiento.
2 *armiño*: piel muy blanca de un pequeño mamífero del mismo nombre; aquí simboliza la delicadeza y la inocencia.

1 A partir de este verso Darío evoca melancólicamente sus relaciones amorosas con un amplio abanico de mujeres, que contribuyeron a forjar su actitud ante la vida, ante el espíritu y ante la poesía.
2 Herodías se casó con el rey Herodes Antipas a pesar de que era esposa y sobrina de Herodes Filipo, hermano del primero. Era madre de Salomé, y en una ocasión en que la joven entusiasmó al rey con su danza, Herodías le pidió a su hija que exigiera a este la cabeza de Juan el Bautista, deseo que el rey le concedió. Ambas mujeres simbolizan la lujuria enfermiza y la maldad.

La otra fue más sensitiva,
y más consoladora y más
halagadora y expresiva,
cual no pensé encontrar jamás.

Pues a su continua ternura
una pasión violenta unía.
En un peplo de gasa pura[3]
una bacante se envolvía...[3]

En sus brazos tomó mi ensueño
y lo arrulló como a un bebé...
Y le mató, triste y pequeño,
falto de luz, falto de fe...

Juventud, divino tesoro,
¡te fuiste para no volver!
Cuando quiero llorar, no lloro,
y a veces lloro sin querer...

Otra juzgó que era mi boca
el estuche de su pasión
y que me roería, loca,
con sus dientes el corazón

poniendo en un amor de exceso
la mira de su voluntad,
mientras eran abrazo y beso
síntesis de la eternidad:

y de nuestra carne ligera
imaginar siempre un Edén,
sin pensar que la Primavera
y la carne acaban también...[4]

---

3 *peplo*: especie de túnica sin mangas que llevaban las mujeres griegas; *gasa*: tejido muy fino, normalmente de seda.

3 Las *bacantes* eran, en la mitología griega, mujeres que se embriagaban y se entregaban a los placeres sexuales para festejar así a Baco (nombre latino de Dioniso), dios que representaba el vitalismo más desenfrenado.

4 El poeta siente que en la intensidad del amor sexual (*abrazo y beso*) reside la verdadera gloria eterna y cree encontrarse, por ello, en un paraíso terrenal (*Edén*), sin percatarse de que la juventud (*Primavera*) y el cuerpo (*carne ligera*) están abocados a extinguirse.

Juventud, divino tesoro,
¡ya te vas para no volver!
Cuando quiero llorar, no lloro,
y a veces lloro sin querer...

¡Y las demás!, en tantos climas,
en tantas tierras, siempre son,
si no pretexto de mis rimas,
fantasmas[4] de mi corazón.

En vano busqué a la princesa
que estaba triste de esperar.
La vida es dura. Amarga y pesa.
¡Ya no hay princesa que cantar!

Mas a pesar del tiempo terco,
mi sed de amor no tiene fin;
con el cabello gris me acerco
a los rosales del jardín...

Juventud, divino tesoro,
¡ya te vas para no volver!
Cuando quiero llorar, no lloro,
y a veces lloro sin querer...

¡Mas es mía el Alba de oro![5]

RUBÉN DARÍO
Cantos de vida y esperanza, 1905

---

4 *fantasma*: fantasía.

5 Frente a la reiterada lamentación por la pérdida de la juventud, este último verso, significativamente aislado del resto de la composición, reafirma el intacto afán de gozo y vitalismo y nos explica el sentido del título del poema: una *canción de otoño*, porque el poeta es ya un hombre maduro, en *primavera*, pues mantiene vivas sus ilusiones y esperanzas.

[53]

Yo voy soñando caminos
de la tarde. ¡Las colinas
doradas, los verdes pinos,
las polvorientas encinas!...

¿Adónde el camino irá?
Yo voy cantando, viajero
a lo largo del sendero...
—La tarde cayendo está—.

«En el corazón tenía
la espina de una pasión;
logré arrancármela un día:
ya no siento el corazón.»

Y todo el campo un momento
se queda, mudo y sombrío,
meditando. Suena el viento
en los álamos del río.

La tarde más se obscurece;
y el camino que serpea
y débilmente blanquea,
se enturbia y desaparece.

Mi cantar vuelve a plañir:[1]
«Aguda espina dorada,
quién te pudiera sentir
en el corazón clavada.»[1]

ANTONIO MACHADO
Soledades. Galerías. Otros poemas, 1907

---

1 *plañir*: llorar con sollozos.

1 El poeta se proyecta en ese viajero que recorre el simbólico camino de la vida y atraviesa un paisaje crepuscular que, personificado, refleja la pena y la desolación del caminante. Su melancólica canción evoca la juventud y el amor perdidos, y, pese al dolor que esa *pasión* le produjo, en la vejez, que ahora siente próxima (tal es el sentido del atardecer y del camino que *desaparece*), añora esa *aguda espina dorada*; al arrancarse la espina de la pasión juvenil, el poeta le ha arrebatado la vida inadvertidamente a su corazón.

[54]

NO VOLVERÉ A SER JOVEN

Que la vida iba en serio
uno lo empieza a comprender más tarde
—como todos los jóvenes, yo vine
a llevarme la vida por delante.

5 Dejar huella quería
y marcharme entre aplausos
—envejecer, morir, eran tan solo
las dimensiones del teatro.

Pero ha pasado el tiempo
10 y la verdad desagradable asoma:
envejecer, morir,
es el único argumento de la obra.[1]

JAIME GIL DE BIEDMA
Poemas póstumos, 1968

---

1 Meditación de madurez, desengañada, en la que el poeta toma conciencia de las consecuencias del paso irremediable del tiempo: "envejecer, morir". Si, en la juventud, contempla la muerte a lo lejos como si se tratara del marco (las *dimensiones*) del teatro de la vida, y esta constituye un espectáculo del que piensa marcharse "entre aplausos", llegada la madurez descubre que "envejecer, morir" es en realidad la esencia de la vida, el "único argumento de la obra". Las expresiones coloquiales del poema, tan características del estilo de Gil de Biedma, esconden un doble sentido trascendente: el poeta comprende que "la vida iba en serio", porque no es una ficción como el espectáculo que suponía que era, y se percata de que, pretendiendo "llevarse la vida por delante", en realidad la vida se lo está llevando a él, como ser abocado a la muerte.

Fracaso, indolencia y fatiga de vivir

[55]

LA DERROTA DE DON RODRIGO[1]

Las huestes de don Rodrigo
desmayaban[1] y huían
cuando en la octava batalla
sus enemigos vencían.
Rodrigo deja sus tiendas
y del real[2] se salía,
solo va el desventurado,
sin ninguna compañía;
el caballo, de cansado,
ya mudar[3] no se podía,
camina por donde quiere
sin que él le estorbe la vía.
El rey va tan desmayado
que sentido no tenía;
muerto va de sed y hambre,
de velle era gran mancilla;[4]
iba tan tinto[5] de sangre
que una brasa parecía.

---

1 *desmayaban*: perdían el ánimo y el valor.
2 *real*: lugar del campamento donde se encuentra la tienda del rey.
3 *mudar*: moverse.
4 *de velle era gran mancilla*: el verlo inspiraba gran lástima.
5 *tinto*: teñido, manchado.

1 Este famoso romance se refiere a la derrota ante los árabes de Rodrigo, el último rey visigodo español. Según las crónicas, a la muerte del rey Vitiza Rodrigo usurpó el trono a su legítimo heredero y reinó durante un año. En el 711 el general árabe Tarik invadió la península y el rey Rodrigo perdió su trono y su patria en una sola batalla, la de Guadalete, traicionado por bandos visigodos rivales. Cronistas muy posteriores a los hechos forjaron la leyenda de que el general Tarik había contado con la complicidad del conde don Julián, gobernador bizantino de Ceuta, quien de ese modo se vengaba de la violación de que había sido víctima su hija a manos del rey Rodrigo. Los romances nos presentan la infausta suerte del rey como una consecuencia de su conducta amoral.

Las armas lleva abolladas,
que eran de gran pedrería;⁶
la espada lleva hecha sierra
de los golpes que tenía;
el almete⁷ de abollado
en la cabeza se hundía;
la cara llevaba hinchada
del trabajo⁸ que sufría.

Subiose encima de un cerro,
el más alto que veía;
desde allí mira su gente
cómo iba de vencida;
de allí mira sus banderas
y estandartes que tenía,
cómo están todos pisados
que la tierra los cubría;
mira por los capitanes,
que ninguno parecía;⁹
mira el campo tinto en sangre,
la cual arroyos corría.
Él, triste de ver aquesto,
gran mancilla en sí tenía,
llorando de los sus ojos¹⁰
desta manera decía:
—Ayer era rey de España,
hoy no lo soy de una villa;
ayer villas y castillos,
hoy ninguno poseía;¹¹
ayer tenía criados
y gente que me servía,

---

6 *de gran pedrería*: con muchas piedras preciosas engastadas.
7 *almete*: yelmo, casco metálico que cubría la cabeza.
8 *trabajo*: penalidad, tormento.
8 *parecía*: se dejaba ver, aparecía.
10 El pleonasmo *llorando de los sus ojos* es forma antigua que aparece ya en el *Poema de Mío Cid*.
11 El uso del tiempo pasado en este verbo, en lugar del presente, cabe atribuirlo a necesidades de la rima.

hoy no tengo ni una almena[12]
50 que pueda decir que es mía.
¡Desdichada fue la hora,
desdichado fue aquel día
en que nací y heredé
la tan grande señoría,
55 pues lo había de perder
todo junto y en un día!
¡Oh muerte!, ¿por qué no vienes
y llevas esta alma mía
de aqueste cuerpo mezquino,[13]
60 pues se te agradecería?[2]

ANÓNIMO

---

12 *almena*: cada uno de los salientes rectangulares que coronan los muros de las fortalezas.
13 *mezquino*: miserable.

2 La pérdida de España y el inicio de la larga dominación musulmana constituyen todo un ciclo temático de la épica medieval y del romancero. Pero en este poema, como en otros sobre el rey Rodrigo, el poeta anónimo sitúa en primer plano la figura patética de un hombre que ha conocido el poder y la gloria y se ve reducido a una condición miserable.

[56]

ADELFOS[1]

Yo soy como las gentes que a mi tierra vinieron
—soy de la raza mora, vieja amiga del Sol—,
que todo lo ganaron y todo lo perdieron.
Tengo el alma de nardo[1] del árabe español.

5 Mi voluntad se ha muerto una noche de luna
en que era muy hermoso no pensar ni querer...
Mi ideal es tenderme, sin ilusión ninguna...
De cuando en cuando, un beso y un nombre de mujer.

En mi alma, hermana de la tarde, no hay contornos...[2]
10 Y la rosa simbólica de mi única pasión
es una flor que nace en tierras ignoradas
y que no tiene aroma, ni forma, ni color.

Besos, ¡pero no darlos! Gloria... ¡la que me deben!
¡Que todo como un aura[2] se venga para mí!
15 Que las olas me traigan y las olas me lleven,
y que jamás me obliguen el camino a elegir.

¡Ambición!, no la tengo. ¡Amor!, no lo he sentido.
No ardí nunca en un fuego de fe ni gratitud.
Un vago afán de arte tuve... Ya lo he perdido.
20 Ni el vicio me seduce, ni adoro la virtud.

De mi alta aristocracia, dudar jamás se pudo.
No se ganan, se heredan, elegancia y blasón...[3]

---

1 *nardo*: planta de flores blancas y muy olorosas.
2 *aura*: viento suave.
3 *blasón*: escudo de armas de un linaje noble; aquí, 'nobleza'.

1 Este extraño título (al que el propio poeta no encontraba una explicación razonable) podría interpretarse de dos modos: como un irregular masculino de *adelfas*, planta de flores venenosas, que simbolizarían el tono abúlico y fatalista del poema; o como una castellanización de *adelfo*, palabra griega que significa 'hermano', y que haría alusión a esa hermandad con el espíritu sensual, narcisista y decadente que Manuel Machado atribuye al "árabe español" y que pone de manifiesto el serventesio inicial.
2 El alma no tiene *contornos* o límites porque se diluye simbólicamente en la tenue luz del atardecer y carece de voluntad o de propósitos.

Pero el lema de casa, el mote del escudo,[4]
es una nube vaga que eclipsa un vano[5] sol.

25 Nada os pido. Ni os amo, ni os odio. Con dejarme,
lo que hago por vosotros hacer podéis por mí...
¡Que la vida se tome la pena de matarme,
ya que yo no me tomo la pena de vivir!...

Mi voluntad se ha muerto una noche de luna
30 en que era muy hermoso no pensar ni querer...
De cuando en cuando un beso, sin ilusión ninguna.
¡El beso generoso que no he de devolver![3]

MANUEL MACHADO
Alma, 1900

---

4 El *lema* o *mote* es una breve frase que sintetiza o compendia —en este caso— el pensamiento o la norma por la que se rige una familia noble.
5 *vano*: inútil.

3 La falta de voluntad o de ambición, la indolencia y la abulia, tan patéticamente expresadas en los versos "¡Que la vida se tome la pena de matarme, / ya que yo no me tomo la pena de vivir!", son significativas quizá del agotamiento o el desengaño del ser humano en el otoño de la vida, pero fueron también rasgos caracterizadores del decadentismo literario y artístico a finales del siglo XIX.

[57]

CANSERA[1]

—¿Pa qué quies que vaya? Pa ver cuatro espigas
    arrollás y pegás a la tierra;
pa ver los sarmientos ruines y mustios
    y esnúas las cepas
    sin un grano d'uva,
ni tampoco, siquiá, sombra de ella...,
    pa ver el barranco,
    pa ver la laera,
sin una matuja... ¡Pa ver que se embisten
    de pelás, las peñas!...
    Anda tú, si quieres,
    que a mí no me quea
    ni un soplo d'aliento
    ni una onza de juerza,
    ni ganas de verme,
ni de que me mienten siquiá la cosecha...
Anda tú, si quieres, que yo pue que nunca
    pise más la senda,
ni pue que la pase, sino es que entre cuatro
    ya muerto me llevan...
    Anda tú, si quieres...
No he d'ir, por mi gusto, si en crus me lo ruegas,[2]
por esa sendica por ande se jueron,
pa no golver nunca, tantas cosas güenas...
Esperanzas, quereres, suores...
    ¡To se jue por ella!...
Por esa sendica se marchó aquel hijo
    que murió en la guerra...
Por esa sendica se jue la alegría...
    ¡Por esa sendica vinieron las penas!...

---

1 *cansera*: 'cansancio, pesadez'; aquí tiene un significado vital, de desengaño y falta de ánimos para seguir viviendo. Todo el poema está escrito en *panocho*, variedad dialectal del castellano propia de la huerta murciana.

2 *si en crus me lo ruegas*: aunque me lo pidas [de rodillas] con los brazos en cruz.

No te canses, que no me remuevo;
anda tú, si quieres, y éjame que duerma.
¡A ver si es pa siempre!... ¡Si no m'espertara!
¡Tengo una cansera!...[1]

VICENTE MEDINA
Aires murcianos, 1898

---

[1] Vicente Medina, uno de los principales cultivadores de la poesía dialectal a finales del siglo XIX, pone en boca de un viejo labrador —lo que justifica el habla dialectal— el desgarrado y conmovedor lamento de un hombre que, tras una vida llena de trabajo y desgracias, siente que ya no tiene fuerzas para seguir luchando y desea la muerte. La desolada descripción que hace de las tierras pobres y abandonadas, a las que ha dedicado toda su vida, y de la muerte del hijo en la guerra, deja entrever en su "cansera" cierta denuncia de una realidad social extremadamente dura y mísera. Para apreciar el auténtico valor poético y dramático de este poema debería oírse recitar correctamente.

Frustración, dolor y angustia existencial

[58]

ROMANCE DE LA PENA NEGRA

Las piquetas de los gallos
cavan buscando la aurora,[1]
cuando por el monte oscuro
baja Soledad Montoya.
Cobre amarillo, su carne
huele a caballo y a sombra.
Yunques ahumados, sus pechos
gimen canciones redondas.[1]
—Soledad: ¿por quién preguntas
sin compaña[2] y a estas horas?
—Pregunte por quien pregunte,
dime: ¿a ti qué se te importa?
Vengo a buscar lo que busco,
mi alegría y mi persona.
—Soledad de mis pesares,
caballo que se desboca,
al fin encuentra la mar
y se lo tragan las olas.[2]
—No me recuerdes el mar,
que la pena negra brota

---

1 El sentido de esta bellísima metáfora —inspirada en el v. 235 del *Poema de Mío Cid*— es que el canto de los gallos anuncia el amanecer.
2 *sin compaña*: sin compañía.

1 A Soledad Montoya, encarnación de la pena de los gitanos, le amarillea la piel morena (*cobre amarillo*) por el sufrimiento amoroso, y *huele a caballo*, porque este simboliza la pasión amorosa, *y a sombra*, porque la sombra es, como la pena, oscura o negra; por ello describe también los pechos como *yunques ahumados*, esto es, turgentes y ennegrecidos por el ardor sexual; los *yunques* ('pieza de hierro sobre la que se trabajan los metales'), al igual que la *fragua*, son característicos del mundo gitano. Soledad espera en vano la llegada de su amante, probablemente un contrabandista herido de muerte, de ahí que sus pechos *giman canciones redondas*, frase en que el adjetivo *redondas* ha sido desplazado del sustantivo que lo inspiró (*pechos*).
2 El poeta advierte a Soledad que la pasión amorosa desbordada (*caballo que se desboca*) puede desembocar en la muerte (*la mar*).

>   en las tierras de aceituna
>   bajo el rumor de las hojas.
>   —¡Soledad, qué pena tienes!
>   ¡Qué pena tan lastimosa!
> 25 Lloras zumo de limón
>   agrio de espera y de boca.
>   —¡Qué pena tan grande! Corro
>   mi casa como una loca,
>   mis dos trenzas por el suelo
> 30 de la cocina a la alcoba.
>   ¡Qué pena! Me estoy poniendo
>   de azabache,[3] carne y ropa.
>   ¡Ay, mis camisas de hilo!
>   ¡Ay, mis muslos de amapola![3]
> 35 —Soledad: lava tu cuerpo
>   con agua de las alondras,[4]
>   y deja tu corazón
>   en paz, Soledad Montoya.
>
> *
>
>   Por abajo canta el río:
> 40 volante de cielo y hojas.[4]
>   Con flores de calabaza,
>   la nueva luz se corona.
>   ¡Oh, pena de los gitanos![5]

---

3 *azabache*: variedad de lignito ('carbón'), muy duro y negro.

4 En el río, que forma ondas como el volante de un vestido, se reflejan el cielo y las hojas de los árboles.

3 La carne y la ropa de la gitana ennegrecen por la pena y la frustración amorosa: las *camisas de hilo* aluden a la ropa íntima y blanca, y los *muslos de amapola* al ardor sexual, que no puede ser satisfecho.

4 El *agua de las alondras* se refiere al rocío o al agua del amanecer (cuando cantan las alondras), que, según la tradición popular, curaba las enfermedades de amor o, cuando menos, aliviaba la pena de los enamorados.

5 Soledad Montoya, que está inspirada en un personaje real, es, según Lorca, la personificación de "la pena sin remedio, de la pena negra de la cual no se puede salir sin más que abriendo con un cuchillo un ojal bien hondo en el costado siniestro"; esa pena es "un ansia sin objeto, es un amor agudo a nada, con una seguridad de que la muerte (preocupación perenne en Andalucía) está esperando detrás de la puerta". La pena, añade el poeta, "es una mujer que quiere cazar pájaros con redes de viento".

Pena limpia y siempre sola.
¡Oh, pena de cauce oculto
y madrugada remota![6]

> FEDERICO GARCÍA LORCA
> *Romancero gitano*, 1928

---

6 En contraste con el río que discurre al aire libre (vv. 39-40) y con el claro amanecer —que todo lo ilumina de "flores de calabaza", en alusión al sol—, la pena de Soledad es *de cauce oculto*, porque tiene unos orígenes remotos, míticos y, sobre todo, porque no encuentra salida; y es de *madrugada remota*, porque nunca llega a ver la luz.

[59]

INSOMNIO[1]

Madrid es una ciudad de más de un millón
   de cadáveres (según las últimas estadísticas).[2]
A veces en la noche yo me revuelvo y me incorporo
   en este nicho[1] en el que hace cuarenta y cinco años
   que me pudro,
y paso largas horas oyendo gemir al huracán, o ladrar
   los perros, o fluir blandamente la luz de la luna.
Y paso largas horas gimiendo como el huracán, ladrando
   como un perro enfurecido, fluyendo como la leche
   de la ubre[2] caliente de una gran vaca amarilla.[3]
5   Y paso largas horas preguntándole a Dios,
   preguntándole por qué se pudre lentamente mi alma,
por qué se pudren más de un millón de cadáveres
   en esta ciudad de Madrid,
por qué mil millones de cadáveres se pudren
   lentamente en el mundo.
Dime, ¿qué huerto quieres abonar con nuestra
   podredumbre?
¿Temes que se te sequen los grandes rosales del día,
10   las tristes azucenas letales[3] de tus noches?[4]

DÁMASO ALONSO
Hijos de la ira, 1944

---

1 *nicho*: cada uno de los huecos superpuestos en las construcciones de los cementerios donde se entierra a los muertos; aquí se usa metafóricamente.
2 *letal*: que ocasiona la muerte, mortal.
3 *ubre*: teta de la hembra de los mamíferos.

1 El título hace referencia a que el sentimiento expresado en el poema equivale a una pesadilla terrible que impide el sueño.
2 Un millón de habitantes son los que tenía Madrid en 1940, fecha en que se compuso este poema. La identificación de personas con cadáveres y de Madrid con un cementerio dota a esta composición de gran fuerza expresiva.
3 La imagen de la «gran vaca amarilla» debe interpretarse como la visión de una existencia enfermiza y falta de vitalidad, la de una sociedad atenazada, alienada y determinada por la muerte y el dolor.
4 La invocación a Dios y la extensión de la *podredumbre* al mundo entero imprime un tono sombrío, existencial y metafísico al poema.

[60]

«¡Ah de la vida!»... ¿Nadie me responde?[1]
«¡Aquí de los antaños que he vivido!»[2]
La Fortuna mis tiempos ha mordido;
las horas mi locura las esconde.[1]

5 ¡Que sin poder saber cómo ni adónde
la salud y la edad se hayan huido!
Falta la vida, asiste lo vivido,[2]
y no hay calamidad que no me ronde.

Ayer se fue; Mañana no ha llegado;
10 Hoy se está yendo sin parar un punto:[3]
Soy un fue, y un será, y un es cansado.

En el Hoy y Mañana y Ayer, junto
pañales y mortaja,[4] y he quedado
presentes sucesiones de difunto.[3]

FRANCISCO DE QUEVEDO (1580-1645)

---

1 El sentido de estos versos es: 'El destino o el infortunio (*Fortuna*) ha consumido mis días; mi comportamiento loco o desatinado (*mi locura*) hace que el tiempo discurra sin sentirlo'.
2 *asiste lo vivido*: me acompaña el desgaste físico (o las enfermedades) que el paso del tiempo (*lo vivido*) trae consigo.
3 *un punto*: un instante.
4 *mortaja*: sábana o vestidura en que se envuelve el cadáver para enterrarlo.

1 La invocación "¡Ah de la vida!" está construida a imitación de "¡Ah de la casa!", utilizada para llamar a las personas que habitan en ella. Quevedo quiere dar a entender que la vida no existe y él, por tanto, no vive.
2 Juego con las expresiones "¡Aquí de Dios!" o "¡Aquí de la justicia!", empleadas para invocar a uno o a otra o pedir su presencia. El sentido sería, pues, '¡Acudid aquí los años transcurridos (*antaños*) que he vivido ya!'.
3 Quevedo expresa en este soneto la angustia que le produce el paso rápido e irremediable del tiempo —con sus efectos devastadores sobre el ser humano—, que le lleva "despeñado" a la muerte. El último verso se comprende a la luz de lo que Quevedo escribió a un amigo en 1635: "Hoy cuento yo cincuenta y dos años, y en ellos cuento otros tantos entierros míos. Mi infancia murió irrevocablemente; murió mi niñez, murió mi juventud, murió mi mocedad; ya también falleció mi edad varonil. Pues, ¿cómo llamo vida a una vejez que es sepulcro, donde yo mismo soy entierro de cinco difuntos que he vivido?"

[61]

A MI BUITRE[1]

Este buitre voraz de ceño torvo[1]
que me devora las entrañas fiero
y es mi único constante compañero
labra mis penas con su pico corvo.[2]

5   El día en que le toque el postrer[3] sorbo
apurar de mi negra sangre, quiero
que me dejéis con él solo y señero[4]
un momento, sin nadie como estorbo.

Pues quiero, triunfo haciendo mi agonía
10 mientras él mi último despojo traga,
sorprender en sus ojos la sombría

mirada al ver la suerte que le amaga[5]
sin esta presa en que satisfacía
el hambre atroz que nunca se le apaga.[2]

MIGUEL DE UNAMUNO
Rosario de sonetos líricos, 1911

---

1 *voraz*: que come mucho y con ansia; *de ceño torvo*: de aspecto malvado, que inspira miedo.
2 *corvo*: curvo.
3 *postrer*: último.
4 *señero*: aislado.
5 *amaga*: amenaza, acosa.

1 En este buitre que "devora las entrañas" al poeta hay una referencia al mito griego de Prometeo. Este dios, que había creado a los hombres modelándolos con arcilla, robó el fuego del Olimpo para entregárselo al género humano. En castigo por esta conducta, Zeus envió a los mortales a Pandora, portadora de todos los males, y encadenó a Prometeo a una roca de la cumbre del Cáucaso, donde un águila le devoraba durante el día el hígado, aunque cada noche se le regeneraba. Unamuno cambia el águila del mito por un ave carroñera como el buitre, dotando así a la historia de mayor patetismo.
2 Unamuno simboliza en este poema la angustia existencial del hombre que se debate entre la fe religiosa, que le asegura la inmortalidad del alma tras la muerte, y el racionalismo, que niega o pone en duda la existencia de Dios o de otro mundo fuera de este. Ese vaivén entre razón y fe, causa del tormento del poeta, constituye el núcleo de la obra de Unamuno, quien escribió: "me pasaré la vida luchando con el misterio, y aun sin esperanza de penetrarlo, porque la lucha es mi alimento y mi consuelo".

Humor, ironía, sarcasmo

[62]

CENA JOCOSA[1]

En Jaén, donde resido,
vive don Lope de Sosa,
y direte, Inés, la cosa
más brava[2] dél que has oído.

5 Tenía este caballero
un criado portugués...
Pero cenemos, Inés,
si te parece, primero.

La mesa tenemos puesta;
10 lo que se ha de cenar, junto;
las tazas y el vino, a punto;
falta comenzar la fiesta.

Rebana[3] pan. Bueno está.
La ensaladilla es del cielo;
15 y el salpicón,[4] con su ajuelo,
¿no miras qué tufo da?

Comienza el vinillo nuevo
y échale la bendición:
yo tengo por devoción
20 de santiguar lo que bebo.

Franco fue, Inés, ese toque;[5]
pero arrójame la bota;

---
1 *jocosa*: alegre, festiva.
2 *brava*: extraña, rara, curiosa.
3 *rebana*: corta en *rebanadas* o porciones anchas.
4 *salpicón*: fiambre de carne picada, aderezada con pimienta, sal, vinagre y cebolla.
5 *franco fue [...] ese toque*: largo fue ese trago.

vale un florín[6] cada gota
deste vinillo aloque.[7]

25 ¿De qué taberna se trajo?
Mas ya: de la del cantillo;[8]
diez y seis vale el cuartillo;[9]
no tiene vino más bajo.[10]

Por Nuestro Señor, que es mina
30 la taberna de Alcocer:
grande consuelo es tener
la taberna por vecina.

Si es o no invención moderna,
vive Dios, que no lo sé;
35 pero delicada fue
la invención de la taberna.

Porque allí llego sediento,
pido vino de lo nuevo,
mídenlo, dánmelo, bebo,
40 págolo y voime contento.

Esto, Inés, ello se alaba;
no es menester alaballo;[11]
sola una falta le hallo:
que con la priesa se acaba.

45 La ensalada y salpicón
hizo fin; ¿qué viene ahora?
La morcilla. ¡Oh, gran señora,
digna de veneración!

¡Qué oronda[12] viene y qué bella!
50 ¡Qué través y enjundias tiene![13]

---
6 *florín*: moneda antigua de plata u oro.
7 *aloque*: clarete.
8 *la del cantillo*: la de la esquina.
9 *cuartillo*: medio litro (aproximadamente).
10 *más bajo*: más sencillo, de menor calidad.
11 *alaballo*: alabarlo.
12 *oronda*: gruesa.
13 *través*: sustanciosas gorduras; *enjundias*: curvas, aspecto.

Paréceme, Inés, que viene
para que demos en ella.[14]

Pues, ¡sus!,[15] encójase y entre,
que es algo estrecho el camino.
No eches agua, Inés, al vino,
no se escandalice el vientre.

Echa de lo trasañejo,[16]
porque con más gusto comas;
Dios te salve, que así tomas,
como sabia, mi consejo.

Mas di: ¿no adoras y precias
la morcilla ilustre y rica?
¡Cómo la traidora pica!
Tal debe tener especias.

¡Qué llena está de piñones!
Morcilla de cortesanos,
y asada por esas manos
hechas a cebar lechones.[17]

¡Vive Dios, que se podía
poner al lado del Rey
puerco, Inés, a toda ley,
que hinche tripa vacía![18]

El corazón me revienta
de placer. No sé de ti
cómo te va. Yo, por mí,
sospecho que estás contenta.

Alegre estoy, vive Dios.
Mas oye un punto sutil:[19]

---

14 *demos en ella*: nos la comamos.
15 *¡sus!*: interjección que significa '¡vamos!', '¡ánimo!'
16 *trasañejo*: o *tresañejo*, 'de más de tres años'; aquí se refiere al vino.
17 *a cebar lechones*: a alimentar o engordar cochinillos.
18 Las morcillas, hechas de carne picada de cerdo (*puerco*) embutida en *tripas vacías*, son tan apetitosas que bien podrían servirse a la mesa del Rey.
19 *punto sutil*: asunto, detalle delicado.

¿No pusiste allí un candil?
80 ¿Cómo remanecen[20] dos?

Pero son preguntas viles:
ya sé lo que puede ser:
con este negro beber
se acrecientan los candiles.

85 Probemos lo del pichel.[21]
¡Alto licor celestial!
No es el aloquillo tal,[22]
ni tiene que ver con él.

¡Qué suavidad! ¡Qué clareza![23]
90 ¡Qué rancio gusto y olor!
¡Qué paladar! ¡Qué color,
todo con tanta fineza!

Mas el queso sale a plaza,[24]
la moradilla[25] va entrando,
95 y ambos vienen preguntando
por el pichel y la taza.

Prueba el queso, que es extremo:[26]
el de Pinto[1] no le iguala;
pues la aceituna no es mala;
100 bien puede bogar su remo.[27]

Pues haz, Inés, lo que sueles:
daca[28] de la bota llena
seis tragos. Hecha es la cena;
levántense los manteles.

---

20 *remanecen*: aparecen de pronto.
21 *pichel*: especie de jarra.
22 *no es el aloquillo tal*: el clarete no es tan bueno.
23 *clareza*: claridad.
24 *sale a plaza*: hace acto de presencia.
25 *moradilla*: berenjena.
26 *extremo*: extraordinario.
27 *bien puede bogar su remo*: bien puede defender su prestigio.
28 *daca*: contracción de *da acá*, 'trae aquí', 'dame'.

1 Pinto es un pueblo del sur de Madrid que tenía fama de buenos quesos.

Ya que, Inés, hemos cenado
tan bien y con tanto gusto,
parece que será justo
volver al cuento pasado.

Pues sabrás, Inés hermana,
que el portugués cayó enfermo...
Las once dan, yo me duermo;
quédese para mañana.[2]

BALTASAR DEL ALCÁZAR (1530-1606)

---

[2] La irónica conclusión pone de manifiesto que el pretendido relato no era sino un pretexto para recrearse en la divertida y epicúrea descripción de toda clase de suculentos manjares y de gustosísimos vinos, mientras va dando buena cuenta de unos y otros.

[63]

[ENIGMA]

Las dos somos hermanas producidas
de un parto, y por extremo parecidas;
no hay vida cual la nuestra penitente:[1]
siempre andamos de embozo[2] entre la gente,
que a indecencia juzgara
vernos un ojo, cuanto más la cara.
Necesidad precisa[3]
nos tiene muchas veces sin camisa;[4]
gormamos[5] siempre lo que no comemos;
y otro mayor trabajo[6] padecemos:
que por culpas ajenas
somos el dedo malo[7] de las penas.
Un eco es nuestra voz, de que, ofendidos
y con razón, se muestran dos sentidos;[8]
y así la urbanidad,[9] aunque forzadas,
nos tiene a soliloquios[10] condenadas;
es al fin nuestra vida,
por recoleta, siempre desabrida.[11]

[EXPLICACIÓN]

Si no quieres trabajar
el ingenio, bella Clori,

---

1 *vida [...] penitente*: vida en que se observa una penitencia, esto es, en que se cumple un castigo.
2 *embozo*: velo o prenda semejante con que se cubre el rostro.
3 *necesidad precisa*: necesidad [fisiológica] inexcusable.
4 *camisa*: prenda de vestir interior de lino que llegaba casi hasta las rodillas.
5 *gormamos*: devolvemos, vomitamos.
6 *trabajo*: penalidad, molestia.
7 *el dedo malo*: frase que se aplica a aquel que, habiendo caído en desgracia, se le atribuye todo lo malo.
8 *dos sentidos*: se refiere a los sentidos del oído y el olfato.
9 *urbanidad*: cortesía, normas de comportamiento en el trato social.
10 *soliloquio*: monólogo, hablar a solas.
11 *recoleta*: apartada, retirada; *desabrida*: desagradable.

orinal somos sin ori,
y Vargas, quitado el var.[1]

FRANCISCO QUEVEDO (1580-1645)

---

[1] Los juegos de ingenio de todo tipo eran muy del gusto barroco, que no se privaba, como queda patente en este caso, de tratar temas escatológicos. Es posible que este poema, además, tuviera una intención satírica, pues en un manuscrito de este texto se ha añadido el siguiente comentario: «Vargas, llamado por antonomasia "El sucio", es un poeta celebrado por ello en Madrid, tan puerco como las nalgas». De la «bella Clori», en cambio, no se nos dice nada.

[64]

LA ZORRA Y LAS UVAS

Es voz común que, a más del mediodía,[1]
en ayunas la Zorra iba cazando:
halla una parra; quédase mirando
de la alta vid el fruto que pendía.

5 Causábala mil ansias y congojas[2]
no alcanzar a las uvas con la garra,
al mostrar a sus dientes la alta parra
negros racimos entre verdes hojas.

Miró, saltó y anduvo en probaduras;
10 pero vio el imposible ya de fijo.[3]
Entonces fue cuando la Zorra dijo:
«No las quiero comer. No están maduras».

No por eso te muestres impaciente,
si se te frustra, Fabio,[1] algún intento:
15 *aplica bien el cuento,*
y di: «No están maduras», frescamente.[2]

FÉLIX MARÍA DE SAMANIEGO
Fábulas en verso castellano, 1781

---

1 'Es bien sabido que, pasado el mediodía...'
2 *congoja*: angustia, intenso padecimiento físico acompañado de sudor, respiración fatigosa, etc.
3 'Pero vio sin duda (*de fijo*) que aquello era imposible'.

1 Nombre de un amigo ficticio al que se supone que alecciona el poeta.
2 Samaniego e Iriarte son los dos autores de fábulas más famosos de la literatura española, género muy apreciado y cultivado por los escritores ilustrados del siglo XVIII, que muy a menudo trasladaron al castellano fábulas de Esopo, Fedro y La Fontaine, como es el caso de «El zorro y las uvas». La irónica enseñanza de esta famosísima fábula, cuyos protagonistas, como es típico en este subgénero, son animales que representan cualidades o defectos humanos, se sintetiza en los versos finales o *moraleja*.

[65]

INTRODUCCIÓN A LAS FÁBULAS PARA ANIMALES[1]

Durante muchos siglos
la costumbre fue esta:
aleccionar[1] al hombre con historias
a cargo de animales de voz docta,[2]
de solemne ademán o astutas tretas,[3]
tercos en la maldad y en la codicia
o necios como el ser al que glosaban.[2]
La humanidad les debe
parte de su virtud y su sapiencia[4]
a asnos y leones, ratas, cuervos,
zorros, osos, cigarras y otros bichos
que sirvieron de ejemplo y moraleja,
de estímulo también y de escarmiento
en las ajenas testas[5] animales,
al imaginativo y sutil griego,
al severo[6] romano, al refinado
europeo,
al hombre occidental, sin ir más lejos.[3]
Hoy quiero —y perdonad la petulancia—[7]
compensar tantos bienes recibidos
del gremio[8] irracional
describiendo algún hecho sintomático,[9]

---

1 *aleccionar*: instruir, aconsejar con lecciones o ejemplos.
2 *docta*: sabia.
3 *ademán*: gesto, actitud; *tretas*: artificios engañosos, astucias.
4 *sapiencia*: sabiduría.
5 *testas*: cabezas.
6 *sutil*: intelectualmente riguroso, refinado; *severo*: riguroso, adusto.
7 *petulancia*: vanidad, presunción.
8 *gremio*: agrupación de las personas que tienen la misma profesión u oficio.
9 *hecho sintomático*: hecho revelador de algo.

1 El título nos revela que nos hallamos ante una "contrafábula": el receptor de la lección moral será ahora el animal, y el hombre se convertirá en el protagonista de las historias que servirán de modelo para los animales.
2 En las fábulas, los animales interpretan (*glosan*) simbólicamente los distintos caracteres, virtudes o vicios de los hombres.
3 La fábula ha sido un subgénero didáctico cultivado desde los griegos (Esopo) y los romanos (Fedro) hasta nuestros días (véase n. 2, p. 122).

algún matiz de la conducta humana
que acaso pueda ser educativo
25 para las aves y para los peces,
para los celentéreos[10] y mamíferos,
dirigido lo mismo a las amebas[11]
más simples
como a cualquier especie vertebrada.
30 Ya nuestra sociedad está madura,
ya el hombre dejó atrás la adolescencia
y en su vejez occidental bien puede
servir de ejemplo al perro
para que el perro sea
35 más perro,
y el zorro más traidor,
y el león más feroz y sanguinario,
y el asno como dicen que es el asno,
y el buey más inhibido[12] y menos toro.
40 A toda bestia que pretenda
perfeccionarse como tal
—ya sea
con fines belicistas[13] o pacíficos,
con miras financieras o teológicas,[14]
o por amor al arte simplemente—
45 no cesaré de darle este consejo:
que observe al *homo sapiens*, y que aprenda.[4]

ÁNGEL GONZÁLEZ
Grado elemental, 1962

---

10 *celentéreos*: animales acuáticos con tentáculos.
11 *amebas*: animales microscópicos formados por una sola célula.
12 *inhibido*: cohibido, tímido.
13 *belicistas*: de guerra.
14 'Con intenciones encaminadas a la obtención de grandes beneficios económicos (*miras financieras*) o a Dios (*teológicas*)'.

4 El tono irónico que recorre todo el poema (se llega a sugerir que las nuevas fábulas servirán de aprendizaje incluso para las amebas) se intensifica en su tramo final: los animales, tomando como modelo al hombre, podrían agudizar los vicios que tradicionalmente se les ha atribuido. Ángel González muestra así su visión ácida de la sociedad humana.

[66]

ELEGIDO POR ACLAMACIÓN

Sí, fue un malentendido.
                  Gritaron: ¡a las urnas!
y él entendió: ¡a las armas! —dijo luego.
Era pundonoroso[1] y mató mucho.
Con pistolas, con rifles, con decretos.[2]
5 Cuando envainó la espada dijo, dice:
La democracia es lo perfecto.
El público aplaudió. Solo callaron,
impasibles, los muertos.

El deseo popular será cumplido.
10 A partir de esta hora soy —silencio—
el Jefe, si queréis. Los disconformes
que levanten el dedo.

Inmóvil mayoría de cadáveres
le dio el mando total del cementerio.[1]

ÁNGEL GONZÁLEZ
Grado elemental, 1962

---

1 *pundonoroso*: que aprecia mucho su honorabilidad y su buen nombre.
2 *decreto*: disposición o norma que dicta una persona o institución desde un poder supremo, sin consulta o votación.

1 Este poema, magnífico ejemplo de ironía de matiz político, nos ofrece un retrato sarcástico de la llegada al poder de un dictador, mediante el uso de la fuerza, y del falseamiento a que somete posteriormente la democracia para lavar la imagen de su régimen político opresor. Aunque el contexto histórico del poema es la España del franquismo, su acerba crítica se hace extensiva a cualquier dictadura.

INVIERNO

La naturaleza

[67]

La nieve. En el mesón al campo abierto
se ve el hogar donde la leña humea
y la olla al hervir borbollonea.[1]
El cierzo corre por el campo yerto,[2]
5   alborotando en blancos torbellinos
la nieve silenciosa.
La nieve sobre el campo y los caminos,
cayendo está como sobre una fosa.
Un viejo acurrucado tiembla y tose
10   cerca del fuego; su mechón de lana
la vieja hila, y una niña cose
verde ribete[3] a su estameña grana.[4]
Padres los viejos son de un arriero[5]
que caminó sobre la blanca tierra,
15   y una noche perdió ruta y sendero,
y se enterró en las nieves de la sierra.
En torno al fuego hay un lugar vacío,
y en la frente del viejo, de hosco ceño,[6]
como un tachón[7] sombrío
20   —tal el golpe de una hacha sobre un leño—.
La vieja mira al campo, cual si oyera
pasos sobre la nieve. Nadie pasa.
Desierta la vecina carretera,

---

1 *borbollonea*: hierve con ímpetu, levantando burbujas grandes (*borbollones*) y sonoras.
2 *cierzo*: viento frío procedente del norte; *yerto*: tieso, rígido, a causa del frío; el adjetivo se suele aplicar a los cadáveres.
3 *ribete*: cinta o bordado que guarnece y remata el borde de un ropaje.
4 *estameña grana*: tejido tosco de lana, o el vestido confeccionado con esa tela, aquí de color rojo intenso (*grana*).
5 *arriero*: hombre que transporta mercancías en caballerías.
6 *hosco ceño*: áspero gesto, marcado por el fruncimiento del entrecejo.
7 *tachón*: 'tachadura'; el término es usado aquí metafóricamente para dar a entender el dolor del viejo reflejado en el rostro, expresión sombría que se intensifica con la comparación del verso siguiente.

desierto el campo en torno de la casa.
25 La niña piensa que en los verdes prados
ha de correr con otras doncellitas
en los días azules y dorados,
cuando crecen las blancas margaritas.[1]

ANTONIO MACHADO
Campos de Castilla, 1912

---

1 Esta estampa invernal refleja simbólicamente el dolor y la desolación que se abate sobre dos ancianos a causa de la pérdida de su hijo. El símil de la nieve cayendo "como sobre una fosa" (v. 8) prefigura la dramática historia del hijo sepultado por la nieve. La nieve se carga así de trágicas connotaciones en las mentes de los ancianos; solo en la imaginación de la niña, en su inconsciencia infantil, se pinta un esperanzador paisaje primaveral e idílico ("verdes prados", "días azules y dorados") que contrasta, con su vitalismo, con el ambiente desolador y el silencio fúnebre de los ancianos.

[68]

Cenicientas las aguas, los desnudos
árboles y los montes cenicientos;
parda[1] la bruma que los vela[2] y pardas
las nubes que atraviesan por el cielo;
triste, en la tierra, el color gris domina,
¡el color de los viejos!

De cuando en cuando de la lluvia el sordo
rumor suena, y el viento,
al pasar por el bosque,
silba o finge lamentos
tan extraños, tan hondos y dolientes
que parece que llaman por los muertos.

Seguido del mastín,[3] que helado tiembla,
el labrador, envuelto
en su capa de juncos, cruza el monte;
el campo está desierto,
y tan solo en los charcos que negrean
del ancho prado entre el verdor intenso
posa el vuelo la blanca gaviota,
mientras graznan los cuervos.

Yo, desde mi ventana,
que azotan los airados elementos,
regocijada y pensativa escucho
el discorde concierto[4]
simpático a mi alma...

¡Oh, mi amigo el invierno!,
mil y mil veces bienvenido seas,
mi sombrío y adusto[5] compañero.

---

1 *parda*: oscura.
2 *los vela*: los oculta como un velo.
3 *mastín*: perro de gran tamaño, muy fuerte y de pelo largo; es muy leal y excelente para la guarda de ganados.
4 *discorde concierto*: concierto disonante, desentonado (de la lluvia, del viento y de los cuervos).
5 *adusto*: sombrío, severo.

>   ¿No eres acaso el precursor dichoso
> 30   del tibio mayo y del abril risueño?
>
>   ¡Ah, si el invierno triste de la vida,
>   como tú de las flores y los céfiros,[6]
>   también precursor fuera de la hermosa
>   y eterna primavera de mis sueños...![1]

ROSALÍA DE CASTRO
En las orillas del Sar, 1884

---

6 *céfiro*: viento suave y agradable.

1 En este poema de la escritora romántica Rosalía de Castro, el paisaje es también un reflejo del estado de ánimo del sujeto lírico; de ahí que aparezca personificado ("el viento [...] finge lamentos") y que resulte "simpático" a la poeta. Y, al igual que el invierno da paso a la primavera, ella anhela que el "invierno triste" de su vida concluya cuando por fin se cumplan sus sueños.

El ocaso del amor

[69]

¡Los suspiros son aire, y van al aire!
¡Las lágrimas son agua, y van al mar!
Dime, mujer, cuando el amor se olvida,
¿sabes tú adónde va?[1]

GUSTAVO ADOLFO BÉCQUER
Rimas, 1871

---

[1] Rima breve de tipo popular que encierra, sin embargo, un hondo lirismo y responde a ese modo tan becqueriano de expresar, sin dramatismos ni lenguaje grandilocuente, el dolor producido por el desengaño amoroso.

[70]

No quiero que te vayas,
dolor, última forma
de amar. Me estoy sintiendo
vivir cuando me dueles
no en ti, ni aquí, más lejos:
en la tierra, en el año
de donde vienes tú,
en el amor con ella
y todo lo que fue.[1]
En esa realidad
hundida que se niega
a sí misma y se empeña
en que nunca ha existido,
que solo fue un pretexto
mío para vivir.[2]
Si tú no me quedaras,
dolor, irrefutable,[1]
yo me lo creería;
pero me quedas tú.
Tu verdad me asegura
que nada fue mentira.
Y mientras yo te sienta,

---

1 *irrefutable*: absolutamente seguro, que no hay pruebas para rebatirlo.

1 El poeta se resiste a renunciar al dolor provocado por la ruptura amorosa porque solo ese dolor le hace sentirse todavía vivo; por eso, paradójicamente, no le 'duele el dolor' ("me dueles / no en ti"), sino la causa que lo originó. Esta idea o sentimiento tiene sus antecedentes en el romanticismo. Bécquer quiere retener el dolor en la rima LXIV ("como guarda el avaro su tesoro, / guardaba mi dolor") y, en la XLVIII, confiesa haber perdido la vida al renunciar a un amor que le ocasionó mucho sufrimiento ("Como se arranca el hierro de una herida / su amor de las entrañas me arranqué, / aunque sentí al hacerlo que la vida / me arrancaba con él"), una idea expresada de modo parecido en el poema de Machado reproducido en la p. 97 de este libro ("En el corazón tenía / la espina de una pasión; / logré arrancármela un día: / ya no siento el corazón").

2 Tras la ruptura amorosa, el amante puede sentirse tentado de pensar que su amor no llegó a existir en realidad, que era tan solo la excusa (*pretexto*) para sentirse vivo, pues, como afirman Bécquer y Machado en los versos citados en la nota anterior no hay vida auténtica sin amor.

> tú me serás, dolor,
> la prueba de otra vida
> en que no me dolías.
> La gran prueba, a lo lejos,
> de que existió, que existe,
> de que me quiso, sí,
> de que aún la estoy queriendo.[3]

PEDRO SALINAS
La voz a ti debida, 1933

---

[3] El dolor es, en verdad, la prueba más convincente de que el amor persiste. De otro modo solo cabría la indiferencia. Salinas lo afirma de modo contundente al final del poema con la enumeración de una serie de frases enunciativas en construcción anafórica.

[71]

Puedo escribir los versos más tristes esta noche.

Escribir, por ejemplo: «La noche está estrellada,
y tiritan, azules, los astros, a lo lejos.»

El viento de la noche gira en el cielo y canta.

5 Puedo escribir los versos más tristes esta noche.
Yo la quise, y a veces ella también me quiso.

En las noches como esta la tuve entre mis brazos.
La besé tantas veces bajo el cielo infinito.

Ella me quiso, a veces yo también la quería.[1]
10 Cómo no haber amado sus grandes ojos fijos.

Puedo escribir los versos más tristes esta noche.
Pensar que no la tengo. Sentir que la he perdido.

Oír la noche inmensa, más inmensa sin ella.
Y el verso cae al alma como al pasto el rocío.

15 Qué importa que mi amor no pudiera guardarla.
La noche está estrellada y ella no está conmigo.

Eso es todo. A lo lejos alguien canta. A lo lejos.
Mi alma no se contenta con haberla perdido.

Como para acercarla mi mirada la busca.
20 Mi corazón la busca, y ella no está conmigo.

La misma noche que hace blanquear los mismos árboles.
Nosotros, los de entonces, ya no somos los mismos.

Ya no la quiero, es cierto, pero cuánto la quise.
Mi voz buscaba el viento para tocar su oído.

---

1 En este poema, uno de los más populares de la poesía amorosa de todos los tiempos, la noche *estrellada* e *inmensa* y la soledad y la tristeza del poeta le hacen evocar un amor irremediablemente perdido. Las reacciones y sentimientos contradictorios habidos en su relación amorosa nos explican en parte la causa de la ruptura.

25 De otro. Será de otro. Como antes de mis besos.
Su voz, su cuerpo claro. Sus ojos infinitos.

Ya no la quiero, es cierto, pero tal vez la quiero.
Es tan corto el amor, y es tan largo el olvido.

Porque en noches como esta la tuve entre mis brazos,
30 mi alma no se contenta con haberla perdido.

Aunque este sea el último dolor que ella me causa,
y estos sean los últimos versos que yo le escribo.[2]

PABLO NERUDA
Veinte poemas de amor y una canción desesperada, 1924

---

[2] El acto de creación poética se constituye, desde el principio del poema ("puedo escribir los versos..."), en un modo de evocación del amor fracasado cuya recuperación resulta imposible, porque, entre otras razones, "nosotros [...] ya no somos los mismos".

[72]

Donde habite el olvido,
en los vastos jardines sin aurora;
donde yo solo sea
memoria de una piedra sepultada entre ortigas
sobre la cual el viento escapa a sus insomnios.

Donde mi nombre deje
al cuerpo que designa en brazos de los siglos,
donde el deseo no exista.

En esa gran región donde el amor, ángel terrible,
no esconda como acero
en mi pecho su ala,
sonriendo lleno de gracia aérea mientras crece el tormento.

Allá donde termine este afán que exige un dueño a imagen suya,
sometiendo a otra vida su vida,
sin más horizonte que otros ojos frente a frente.

Donde penas y dichas no sean más que nombres,
cielo y tierra nativos en torno de un recuerdo;
donde al fin quede libre sin saberlo yo mismo,
disuelto en niebla, ausencia,
ausencia leve como carne de niño.

Allá, allá lejos;
donde habite el olvido.[1]

LUIS CERNUDA
Donde habite el olvido, 1934

---

[1] Este testimonio desolador de una vida marcada por el vano deseo de satisfacer las ansias amorosas comienza y termina con un verso de la rima LXVI de Bécquer ("En donde esté una piedra solitaria / sin inscripción alguna, / donde habite el olvido, / allí estará mi tumba"). El poeta, que concibe el amor como una entrega total (vv. 13-15), descubre que el amor es un "ángel terrible" cuyas alas de acero se clavan en su pecho, y, para acabar con ese "tormento", ansía la muerte y el olvido. Cernuda encabeza el libro al que pertenece este poema con las siguientes palabras: "Como los erizos, ya sabéis, los hombres un día sintieron su frío. Y quisieron compartirlo. Entonces inventaron el amor. El resultado fue, ya sabéis, como en los erizos."

La experiencia religiosa

[73]

EL CIPRÉS DE SILOS

Enhiesto[1] surtidor de sombra y sueño
que acongojas el cielo con tu lanza.
Chorro que a las estrellas casi alcanza
devanado a sí mismo[2] en loco empeño.

5 Mástil de soledad, prodigio isleño;[3]
flecha de fe, saeta de esperanza.
Hoy llegó a ti, riberas del Arlanza,[1]
peregrina al azar, mi alma sin dueño.

Cuando te vi, señero,[4] dulce, firme,
10 qué ansiedades sentí de diluirme
y ascender como tú, vuelto en cristales,[5]

como tú, negra torre de arduos[6] filos,
ejemplo de delirios verticales,
mudo ciprés en el fervor de Silos.[2]

GERARDO DIEGO
Versos humanos, 1925

---

1 *enhiesto*: recto, erguido.
2 *devanado a sí mismo*: enrollado sobre sí mismo.
3 *isleño*: aislado, como una isla.
4 *señero*: solitario.
5 *vuelto en cristales*: 'convertido en cristales'; es una metáfora con la que se da a entender la claridad del aire por el que asciende el ciprés, y que contrasta con la metáfora (*negra torre*) del siguiente verso.
6 *arduo*: difícil de subir, muy empinado.

1 El Arlanza es un afluente del río Pisuerga, que discurre cerca del monasterio de Santo Domingo de Silos.
2 El soneto está dedicado a un esbelto y solitario ciprés que se yergue en medio del claustro conventual de Santo Domingo de Silos, en la provincia de Burgos. Pero el poeta, que se siente extraviado espiritualmente (*alma sin dueño*), ve en el ciprés, por su altura y esbeltez, un símbolo de sus ansias de elevación espiritual, de sus anhelos místicos, que encuentran un ambiente idóneo en el *fervor* monacal de Silos.

[74]

A CRISTO CRUCIFICADO

No me mueve,[1] mi Dios, para quererte
el cielo que me tienes prometido;
ni me mueve el infierno tan temido
para dejar por eso de ofenderte.

5   Tú me mueves, Señor; muéveme el verte
clavado en una cruz y escarnecido;[2]
muéveme ver tu cuerpo tan herido;
muévenme tus afrentas[3] y tu muerte.

Muéveme, en fin, tu amor, y en tal manera,
10 que aunque no hubiera cielo, yo te amara,
y aunque no hubiera infierno, te temiera.

No tienes que me dar por que te quiera,[4]
pues aunque cuanto espero no esperara,
lo mismo que te quiero te quisiera.[1]

ANÓNIMO (s. XVII)

---

1 *mover*: persuadir, inducir o incitar a alguna cosa.
2 *escarnecido*: burlado, ultrajado.
3 *tus afrentas*: las afrentas, las deshonras de que has sido objeto.
4 'No tienes que darme nada para que te quiera'.

1 Este célebre soneto ha sido atribuido, sin mucho fundamento, a varios escritores religiosos del siglo XVI. Su mérito estriba en la sencillez y sobriedad con que expresa la emoción religiosa del cristiano, inducido al amor y la fe por el sacrificio y la entrega amorosa de Jesucristo, no por el interés de la promesa celeste o por la amenaza del Infierno. La fuerza emocional del poema reside en la sinceridad del diálogo que el poeta entabla con Jesucristo y en el logrado efecto de la repetición anafórica de *muéveme*.

[75]

Vivo sin vivir en mí,
y tan alta vida espero,
que muero porque no muero.[1]

Vivo ya fuera de mí,
después que muero de amor,
porque vivo en el Señor,
que me quiso para sí;
cuando el corazón le di
puso en mí este letrero:
«*Que muero porque no muero*».

Esta divina unïón,
y el amor con que yo vivo,
hace a mi Dios mi cautivo
y libre mi corazón;
y causa en mí tal pasión
ver a mi Dios prisionero,
que muero porque no muero.

¡Ay, qué larga es esta vida!
¡Qué duros estos destierros,
esta cárcel y estos hierros[1]
en que está el alma metida!
Solo esperar la salida[2]
me causa un dolor tan fiero,
que muero porque no muero.

Acaba ya de dejarme,
vida, no me seas molesta;
porque muriendo, ¿qué resta,

---

1 *hierros*: grilletes, cadenas; prisiones.
2 Es decir, 'solo esperar la salida de la cárcel [del cuerpo]', esto es, 'morir'.

1 Este famoso estribillo se lo oyó cantar santa Teresa a una novicia de las Carmelitas de Salamanca; pero, al menos su último verso, está ya documentado en un *Cancionero* de 1516. Jorge Manrique (1440-1479), entre otros poetas anteriores a la santa, había empleado una paradoja parecida: "No tardes, Muerte, que muero, / ven por ['para'] que viva contigo". San Juan de la Cruz glosó el mismo estribillo.

sino vivir y gozarme?³
No dejes de consolarme,
30   muerte, que ansí te requiero:
*que muero porque no muero.*²

SANTA TERESA DE JESÚS (1515-1582)

---

3 *gozarse*: alegrarse, tener gusto en algo.

2 Este villancico desarrolla la paradoja ascético-mística del estribillo: la muerte libera el alma de la *cárcel* del cuerpo, para llegar al gozo de la unión espiritual con Dios. Este desprecio de la vida conecta con las teorías platónicas (que concebían el mundo como un *destierro* y el cuerpo como una *cárcel*) y con las expresiones paradójicas del amor cortés (véanse los versos de Manrique de la n. 1), ya que las "versiones a lo divino" del amor profano fueron muy frecuentes en la literatura ascético-mística.

[76]

¿Qué tengo yo, que mi amistad procuras?
¿Qué interés se te sigue, Jesús mío,
que a mi puerta, cubierto de rocío,
pasas las noches del invierno escuras?[1]

¡Oh, cuánto fueron mis entrañas duras,[2]
pues no te abrí! ¡Qué extraño desvarío
si de mi ingratitud el hielo frío[3]
secó las llagas de tus plantas puras!

¡Cuántas veces el Ángel me decía:
«Alma, asómate agora[4] a la ventana;
verás con cuánto amor llamar porfía»![5]

¡Y cuántas, hermosura soberana,
«Mañana le abriremos», respondía,
para lo mismo responder mañana![1]

LOPE DE VEGA
Rimas sacras, 1614

---

1 'Las noches oscuras del invierno'.
2 Esto es, 'qué duras fueron mis entrañas'.
3 'Qué extraña locura (*desvarío*) si el hielo frío de mi ingratitud...'
4 *agora*: ahora.
5 *llamar porfía*: insiste en llamar.

1 Este magnífico soneto de Lope de Vega expresa el dolor y el arrepentimiento del poeta, quien, a lo largo de su agitada vida, alternó una conducta licenciosa con sinceras inclinaciones religiosas. El diálogo imaginario que el alma pecadora e impenitente del poeta mantiene con su ángel de la guarda aporta una nota dramática al lirismo del poema.

[77]

HOMBRE

Luchando, cuerpo a cuerpo, con la muerte,
al borde del abismo, estoy clamando
a Dios. Y su silencio, retumbando,
ahoga mi voz en el vacío inerte.[1]

Oh Dios. Si he de morir, quiero tenerte
despierto. Y, noche a noche, no sé cuándo
oirás mi voz. Oh Dios. Estoy hablando
solo. Arañando sombras para verte.

Alzo la mano, y tú me la cercenas.[2]
Abro los ojos: me los sajas[3] vivos.
Sed tengo, y sal se vuelven tus arenas.

Esto es ser hombre: horror a manos llenas.
Ser —y no ser— eternos, fugitivos.
¡Ángel con grandes alas de cadenas![1]

BLAS DE OTERO
Ángel fieramente humano, 1950

---

1 *inerte*: falto de vida.
2 *cercenar*: amputar, mutilar.
3 *sajar*: cortar en la carne viva.

1 En este magistral soneto Blas de Otero muestra la angustia existencial del hombre que se debate entre el afán de inmortalidad y su irremediable condición mortal, entre "ser —y no ser— eternos, fugitivos". El poeta invoca a Dios y se rebela contra el silencio 'sonoro' (*retumbando*) que obtiene por toda respuesta. En el primer terceto nos muestra la inutilidad —y la dramática frustración— de su intento de acercarse a Dios, y en el segundo nos ofrece tres inquietantes definiciones de la condición trágica del hombre.

A los que se fueron

[78]

Cerraron sus ojos,
que aún tenía abiertos,
taparon su cara
con un blanco lienzo;
y unos sollozando,
otros en silencio,
de la triste alcoba[1]
todos se salieron.

La luz, que en un vaso
ardía en el suelo,[1]
al muro arrojaba
la sombra del lecho;
y entre aquella sombra
veíase a intérvalos[2]
dibujarse rígida
la forma del cuerpo.

Despertaba el día,
y a su albor primero,[3]
con sus mil ruïdos
despertaba el pueblo.
Ante aquel contraste
de vida y misterio,
de luz y tinieblas,
yo pensé un momento:

¡Dios mío, qué solos
se quedan los muertos!

---

1 *alcoba*: dormitorio.
2 *intérvalo*: la pronunciación correcta es *intervalo*; se trata de una licencia poética de Bécquer para mantener la rima en *e-o* y el ritmo hexasilábico.
3 *a su albor primero*: 'con sus primeras luces'; *albor* tiene el sentido de 'blancura'.

1 La luz arde en un vaso porque se trata de una lámpara de aceite.

De la casa en hombros
lleváronla al templo,
y en una capilla
dejaron el féretro.
Allí rodearon
sus pálidos restos
de amarillas velas
y de paños negros.

Al dar de las Ánimas
el toque postrero,[4]
acabó una vieja
sus últimos rezos;
cruzó la ancha nave,
las puertas gimieron,
y el santo recinto
quedose desierto.

De un reloj se oía
compasado el péndulo
y de algunos cirios
el chisporroteo.
Tan medroso y triste,
tan oscuro y yerto[5]
todo se encontraba,
que pensé un momento:

¡Dios mío, qué solos
se quedan los muertos!

De la alta campana
la lengua de hierro
le dio volteando
su adiós lastimero.
El luto en las ropas,
amigos y deudos[6]

---

4 'Al dar la última campanada del toque por el alma de los difuntos (*ánimas*)'.
5 *medroso*: miedoso; *yerto*: tieso, frío, sin vida.
6 *deudos*: parientes.

cruzaron en fila
formando el cortejo.⁷

Del último asilo,
oscuro y estrecho,
abrió la piqueta
el nicho a un extremo:
allí la acostaron,
tapiáronle luego,
y con un saludo
despidiose el duelo.

La piqueta al hombro,
el sepulturero,
cantando entre dientes,
se perdió a lo lejos.
La noche se entraba,
el sol se había puesto.
Perdido en las sombras,
yo pensé un momento:

*¡Dios mío, qué solos
se quedan los muertos!*

En las largas noches
del helado invierno,
cuando las maderas
crujir hace el viento
y azota los vidrios
el fuerte aguacero,
de la pobre niña
a veces me acuerdo.

Allí cae la lluvia
con un son eterno;
allí la combate
el soplo del cierzo.⁸

---

7 *cortejo*: comitiva, personas que forman el acompañamiento en una ceremonia.
8 *cierzo*: viento fuerte y frío del norte.

Del húmedo muro
tendida en el hueco,
¡acaso de frío
se hielan sus huesos!...
....

95 ¿Vuelve el polvo al polvo?
¿Vuela el alma al cielo?
¿Todo es, sin espíritu,
podredumbre y cieno?
No sé; pero hay algo
100 que explicar no puedo,
algo que repugna,
aunque es fuerza hacerlo,

*¡a dejar tan tristes,
tan solos los muertos!*[2]

GUSTAVO ADOLFO BÉCQUER
Rimas, 1871

---

2 El conflicto entre la fe religiosa, que defiende la existencia del alma y su inmortalidad, y la filosofía materialista, que la niega, es característico del siglo XIX, y los románticos lo trataron con frecuencia. A Bécquer le cuesta aceptar la posibilidad de que después de la muerte no haya otra vida. Parte de la gran fuerza emocional de esta conocida balada se consigue al atribuir a la niña muerta rasgos animados ("¡acaso de frío / se hielan sus huesos!..."), como si continuara viva en su nicho, sola y triste.

[79]

ELEGÍA[1]

(En Orihuela, su pueblo y el mío, se me ha muerto como del rayo Ramón Sijé, con quien tanto quería.)[1]

Yo quiero ser llorando el hortelano
de la tierra que ocupas y estercolas,[2]
compañero del alma, tan temprano.

Alimentando lluvias, caracolas
y órganos mi dolor sin instrumento,[2]
a las desalentadas amapolas

daré tu corazón por alimento.
Tanto dolor se agrupa en mi costado,
que por doler me duele hasta el aliento.

Un manotazo duro, un golpe helado,
un hachazo invisible y homicida,
un empujón brutal te ha derribado.

No hay extensión más grande que mi herida,
lloro mi desventura y sus conjuntos
y siento más tu muerte que mi vida.

Ando sobre rastrojos[3] de difuntos,
y sin calor de nadie y sin consuelo
voy de mi corazón a mis asuntos.[3]

---

1 *elegía*: poema en que se manifiesta el dolor por alguna desgracia.
2 El inmenso dolor del poeta le hará derramar lágrimas que caerán como una lluvia sobre la tierra, se expresará también a través de todos los órganos de su cuerpo y se difundirá con el sonido grave de las caracolas.
3 *rastrojos*: 'partes bajas de los tallos de la mies, que quedan al ser segada esta'; aquí se utiliza metafóricamente.

1 Ramón Sijé, seudónimo del escritor José Marín Gutiérrez, fue amigo íntimo de Miguel Hernández, a quien orientó y ayudó en sus primeros pasos poéticos. Murió en Orihuela (Alicante) en 1935, a los veintidós años de edad. Miguel, que por entonces se había distanciado de las ideas y la influencia de su amigo, recibe en Madrid la triste noticia y vuelca todo su dolor en esta profunda y sincera elegía, una de las más famosas de la literatura española.
2 El destino del hombre debe ser, para Miguel Hernández, integrarse de nuevo a la naturaleza de la que procede, servir de estiércol para la tierra.
3 El dolor por la muerte del amigo se expresa en esta primera parte del poe-

Temprano levantó la muerte el vuelo,
temprano madrugó la madrugada,
temprano estás rodando por el suelo.

No perdono a la muerte enamorada,
no perdono a la vida desatenta,
no perdono a la tierra ni a la nada.

En mis manos levanto una tormenta
de piedras, rayos y hachas estridentes[4]
sedienta de catástrofes y hambrienta.

Quiero escarbar la tierra con los dientes,
quiero apartar la tierra parte a parte
a dentelladas secas y calientes.

Quiero minar[5] la tierra hasta encontrarte
y besarte la noble calavera
y desamordazarte[6] y regresarte.[4]

Volverás a mi huerto y a mi higuera:
por los altos andamios de las flores
pajareará tu alma colmenera

de angelicales ceras y labores.
Volverás al arrullo de las rejas
de los enamorados labradores.[5]

---

4 *estridente*: de sonido agudo y desgradable, agrio.
5 *minar*: abrir *minas* en un terreno, excavar la tierra.
6 *desamordazar*: quitar la *mordaza* ('tela o instrumento que se aplica a la boca de una persona para impedirle hablar'); usado aquí metafóricamente.

ma con recursos como la hipérbole ("me duele hasta el aliento"), o imágenes de pesadilla, dantescas ("ando sobre rastrojos de difuntos"), y, sobre todo, mediante la imagen del poeta como desconsolado hortelano que cultiva la tierra donde yace el amigo.
4 La rebelión del poeta contra la muerte, que se inicia con los tercetos de versos paralelísticos (vv. 19-24), se expresa mediante imágenes de una extrema violencia, magistralmente reproducida en el plano fónico. La rabia del poeta por la muerte de su amado amigo le lleva a querer desenterrar su cadáver y devolverlo a la vida, aunque solo consiga resucitar su espíritu, su *alma colmenera*.
5 Era costumbre antigua que los enamorados se cortejaran (*arrullarse* quiere decir 'acariciarse', 'decirse palabras cariñosas') a través de las rejas de las ventanas de las plantas bajas de las casas.

Alegrarás la sombra de mis cejas,
y tu sangre se irán a cada lado
disputando tu novia y las abejas.

Tu corazón, ya terciopelo ajado,[7]
llama a un campo de almendras espumosas
mi avariciosa voz de enamorado.

A las aladas almas de las rosas
del almendro de nata te requiero,
que tenemos que hablar de muchas cosas,
compañero del alma, compañero.[6]

MIGUEL HERNÁNDEZ
El rayo que no cesa, 1936

---

7 *ajado*: viejo, estropeado, deslucido.

6 En la última parte de la composición (vv. 34-49), el poeta continúa la conversación interrumpida con el amigo. Observa el radical cambio de tono, ahora conciliador y amable, así como la abundancia de aliteraciones en /l/ (v. 46), que refuerzan la imagen alada, pura, espiritual, amorosa del encuentro con el amigo, quien vuelve a la vida en las flores blancas (*de nata, almendras espumosas*) de los almendros alimentados con su corazón, razón por la cual se disputarán su sangre "tu novia y las abejas".

[80]

LA SANGRE DERRAMADA[1]

¡Que no quiero verla!

Dile a la luna que venga,
que no quiero ver la sangre
de Ignacio sobre la arena.

5   ¡Que no quiero verla!

La luna de par en par,
caballo de nubes quietas,
y la plaza gris del sueño
con sauces en las barreras.[2]

10   ¡Que no quiero verla!
Que mi recuerdo se quema.
¡Avisad a los jazmines
con su blancura pequeña![3]

¡Que no quiero verla!

15   La vaca del viejo mundo[4]
pasaba su triste lengua
sobre un hocico de sangres
derramadas en la arena,
y los toros de Guisando,

---

[1] Este poema es la segunda parte de la elegía que Lorca compuso a la muerte de su amigo Ignacio Sánchez Mejías. Torero, escritor y protector de poetas, Sánchez Mejías murió el 13 de agosto de 1934, dos días después de ser corneado en la plaza de toros de Manzanares (Ciudad Real).

[2] La plaza de toros se ha convertido en un escenario del que se ha adueñado la muerte, pues símbolos de la muerte son la *luna* (metaforizada como un "caballo de nubes quietas"), los *sauces* y el *sueño* (que tiene el mismo sentido de muerte en el v. 30).

[3] El poeta desea alejar de sí la dolorosa imagen de la sangre derramada de su amigo reclamando la presencia de elementos de la naturaleza caracterizados por su blancura: la luna *de par en par* (como si la luna llena fuera una puerta abierta que irradiara blancura) y las pequeñas flores del jazmín. El intenso color rojo de la sangre "le quema" en el recuerdo.

[4] Esta *vaca del viejo mundo* es símbolo de la luna.

casi muerte y casi piedra,
mugieron como dos siglos
hartos de pisar la tierra.[5]

No.
¡Que no quiero verla!

Por las gradas sube Ignacio
con toda su muerte a cuestas.[6]
Buscaba el amanecer,
y el amanecer no era.
Busca su perfil seguro,
y el sueño lo desorienta.
Buscaba su hermoso cuerpo
y encontró su sangre abierta.
¡No me digáis que la vea!
No quiero sentir el chorro
cada vez con menos fuerza;
ese chorro que ilumina
los tendidos y se vuelca
sobre la pana y el cuero
de muchedumbre sedienta.
¡Quién me grita que me asome!
¡No me digáis que la vea!

No se cerraron sus ojos
cuando vio los cuernos cerca,
pero las madres terribles
levantaron la cabeza.[7]
Y a través de las ganaderías,
hubo un aire de voces secretas

---

[5] Los toros de Guisando (Ávila) son grandes animales de granito, elementalmente esculpidos, y constituyen una de las escasas muestras del arte celtibérico peninsular. Lorca emplea imágenes surrealistas al describir a esos toros de piedra que, doloridos por la muerte del torero, se encarnan y mugen "como dos siglos / hartos de pisar la tierra".

[6] El torero, sacrificado por el toro, sube con la cruz de la muerte por las gradas de la plaza. En esta imagen se compara al torero con Jesucristo.

[7] Alusión al mito de las tres Parcas de la mitología griega: Cloto hila el hilo de la vida, Láquesis lo devana y Atropos lo quiebra.

que gritaban a toros celestes,
mayorales de pálida niebla.[1]

50 No hubo príncipe en Sevilla
que comparársele pueda,
ni espada como su espada,
ni corazón tan de veras.
Como un río de leones
55 su maravillosa fuerza,
y como un torso de mármol
su dibujada prudencia.
Aire de Roma andaluza
le doraba la cabeza[8]
60 donde su risa era un nardo[2]
de sal y de inteligencia.
¡Qué gran torero en la plaza!
¡Qué buen serrano en la sierra!
¡Qué blando con las espigas!
65 ¡Qué duro con las espuelas!
¡Qué tierno con el rocío!
¡Qué deslumbrante en la feria!
¡Qué tremendo con las últimas
banderillas de tiniebla![9]

70 Pero ya duerme sin fin.
Ya los musgos y la hierba
abren con dedos seguros
la flor de su calavera.

---

1 *mayorales*: capataces de las ganaderías de reses bravas. La asociación con la *pálida niebla* es una imagen fantasmal y simbólica de la muerte.

2 *nardo*: flor blanca y muy olorosa que simboliza la sencillez y la pureza; puede referirse a la blancura de los dientes.

8 El elogio del torero se lleva a cabo mediante comparaciones hiperbólicas (*como un río de leones*), algunas de las cuales lo asimilan a los emperadores romanos, como este "aire de Roma" que "le doraba la cabeza" o el *torso de mármol* con que se compara su prudencia. El *torso* es una estatua del tronco humano sin las extremidades.

9 Concluye en este punto la alabanza del fallecido, una parte característica de toda elegía. En estos últimos versos se aprecia la influencia de la estrofa XXVI de las *Coplas* manriqueñas.

Y su sangre ya viene cantando:
75 cantando por marismas y praderas,
resbalando por cuernos ateridos,[3]
vacilando sin alma por la niebla,
tropezando con miles de pezuñas
como una larga, oscura, triste lengua,[10]
80 para formar un charco de agonía
junto al Guadalquivir de las estrellas.

¡Oh blanco muro de España!
¡Oh negro toro de pena!
¡Oh sangre dura de Ignacio!
85 ¡Oh ruiseñor de sus venas!

No.
¡Que no quiero verla!
Que no hay cáliz que la contenga,
que no hay golondrinas que se la beban,[11]
90 no hay escarcha de luz que la enfríe,
no hay canto ni diluvio de azucenas,
no hay cristal que la cubra de plata.
No.
¡¡Yo no quiero verla!!

FEDERICO GARCÍA LORCA
Llanto por la muerte de Ignacio Sánchez Mejías, 1935

---

[3] *aterido*: rígido y paralizado por el frío.

[10] La sangre, fluido vital del torero, se "derrama" por un mundo dominado por la muerte, lamiendo todo a su paso con su roja y "triste lengua", que contrasta con la lengua de la vaca (v. 16).

[11] Hay aquí una alusión a la última cena y la pasión de Jesucristo, cuya sangre beben las golondrinas en numerosas estampas de la tradición popular. Se sublima así todavía más la figura del torero.

El último viaje

[81]

Al ver mis horas de fiebre
e insomnio lentas pasar,
a la orilla de mi lecho,
¿quién se sentará?

Cuando la trémula mano
tienda, próximo a expirar,
buscando una mano amiga,
¿quién la estrechará?

Cuando la muerte vidríe
de mis ojos el cristal,
mis párpados aún abiertos,
¿quién los cerrará?

Cuando la campana suene
(si suena en mi funeral),
una oración al oírla,
¿quién murmurará?

Cuando mis pálidos restos
oprima la tierra ya,
sobre la olvidada fosa,
¿quién vendrá a llorar?

¿Quién en fin al otro día,
cuando el sol vuelva a brillar,
de que pasé por el mundo,
quién se acordará?[1]

GUSTAVO ADOLFO BÉCQUER
Rimas, 1871

---

1 Bécquer imagina su agonía y muerte en la más absoluta soledad. Esta angustia alcanza en la última estrofa una dimensión universal y trágica, casi existencialista, al verse como un ser destinado a la muerte y al olvido.

[82]

EL VIAJE DEFINITIVO

...Y yo me iré. Y se quedarán los pájaros
cantando;
y se quedará mi huerto, con su verde árbol,
y con su pozo blanco.

5 Todas las tardes, el cielo será azul y plácido;
y tocarán, como esta tarde están tocando,
las campanas del campanario.

Se morirán aquellos que me amaron;
y el pueblo se hará nuevo cada año;
10 y en el rincón aquel de mi huerto florido y encalado,[1]
mi espíritu errará, nostáljico...[2]

Y yo me iré; y estaré solo, sin hogar, sin árbol
verde, sin pozo blanco,
sin cielo azul y plácido...
15 Y se quedarán los pájaros cantando.[1]

JUAN RAMÓN JIMÉNEZ
Poemas agrestes, 1911

---

1 *encalado*: blanqueado con cal.
2 'nostálgico'. Juan Ramón transcribe sistemáticamente la *g* por *j*.

1 Como el título indica, la muerte se presenta como un viaje sin retorno. De ahí el tono melancólico de despedida que impregna todo el poema. El poeta siente dejar las cosas que ha amado en su vida y, en concreto, el goce de la belleza de la naturaleza. Nótese también el contraste que establece entre el tiempo finito del hombre y el tiempo eterno, cíclico, de la naturaleza renovándose cada año. Pero, como escribe en otros textos poéticos, lo que en realidad sucumbe con la muerte es "este pelele / negro de mi cuerpo", que estará "sin hogar, / sin árbol verde, / sin pozo blanco...", ya que el espíritu del poeta permanece en "el rincón de mi huerto florido", y simbolizado en esos pájaros que "se quedarán cantando". Para Juan Ramón, "morir es trascender / y tú estás trascendiendo / —recordarte sería acompañarte—, / en las noches de estrellas, / en las auroras puras / [...] / vivo tú, vivo tú, vivo y ardiente, / sobre la pobre paz de nuestro seco olvido!".

[83]

FUERA DEL MUNDO

Cuanto nosotros somos y tenemos
forma un curso que va a su desenlace:
la pérdida total.
                No es un fracaso.
Es el término justo de una Historia,
5   Historia sabiamente organizada.
Si naces, morirás. ¿De qué te quejas?
Sean los dioses, ellos, inmortales.

Natural que, por fin, decline y me consuma.
Haya muerte serena entre los míos.
10 Algún día —¿tal vez penosamente?—
me dormiré, tranquilo, sosegado.
No me despertaré por la mañana
ni por la tarde. ¿Nunca?
¿Monstruo sin cuerpo yo?
                    Se cumpla el orden.

15 No te entristezca el muerto solitario.
En esa soledad no está, no existe.
Nadie en los cementerios.
¡Qué solas se quedan las tumbas![1]

Jorge Guillén
Final, 1981

---

[1] La muerte es aquí despojada de todo dramatismo y contemplada como parte necesaria del ciclo de la vida, del *orden* de la naturaleza que ha de cumplirse inexorablemente: si hay vida es porque hay muerte, "si naces, morirás". La muerte, además, comporta una "pérdida total", por lo que no queda un ser evanescente, un "monstruo sin cuerpo" que sobreviva a la materia que se descompone; así pues, no hay "nadie en los cementerios". Invirtiendo ingeniosamente el sentido del verso de Bécquer ("¡Dios mío, qué solos / se quedan los muertos!", véase poema 78), Guillén concluye, ya sin el Dios becqueriano: "¡Qué solas se quedan las tumbas!"

EL CICLO
DE LA VIDA

[84]

ALFA Y OMEGA[1]

Cabe la vida entera en un soneto
empezado con lánguido[1] descuido,
y, apenas iniciado, ha transcurrido
la infancia, imagen del primer cuarteto.

5   Llega la juventud con el secreto
de la vida, que pasa inadvertido,
y que se va también, que ya se ha ido,
antes de entrar en el primer terceto.

Maduros, a mirar a ayer tornamos
10 añorantes y, ansiosos, a mañana,
y así el primer terceto malgastamos.

Y, cuando en el terceto último entramos,
es para ver con experiencia vana
que se acaba el soneto... Y que nos vamos.[2]

MANUEL MACHADO
Phoenix, 1936

---

1 *lánguido*: fatigado, sin energía.

1 *Alfa* y *omega* son, respectivamente, la primera y la última letras del alfabeto griego, y aquí simbolizan el principio y el final de la vida.
2 Este ingenioso poema juega con la estructura del soneto, a cada una de cuyas estrofas atribuye una etapa de la vida humana (infancia, juventud, madurez y vejez-muerte). El relativo tono juguetón del poema no oculta la grave reflexión que lo inspira: la fugacidad de una vida que "cabe entera en un soneto".

[85]

PRONUNCIA CON SUS NOMBRES
LOS TRASTOS Y MISERIAS DE LA VIDA

La vida empieza en lágrimas y caca,
luego viene la *mu*,[1] con *mama* y *coco*;
síguense las viruelas,[2] baba y moco,
y luego llega el trompo y la matraca.[3]

En creciendo, la amiga y la sonsaca:[4]
con ella embiste el apetito loco;[5]
en subiendo a mancebo, todo es poco,
y después la intención peca en bellaca.[6]

Llega a ser hombre, y todo lo trabuca;[7]
soltero sigue toda perendeca;[8]
casado se convierte en mala cuca.[9]

Viejo encanece, arrúgase y se seca;
llega la muerte, y todo lo bazuca,[10]
y lo que deja paga, y lo que peca.[11] [1]

FRANCISCO DE QUEVEDO (1580-1645)

---

1 *la mu*: término que, para referirse al sueño, empleaban antiguamente las madres con sus hijos.
2 *viruelas*: enfermedad infecciosa propia de la infancia caracterizada por una erupción de granos que dejan una señal profunda en la piel.
3 Se trata de juegos infantiles. El *trompo* es la peonza y la *matraca* una pequeña rueda dentada de madera sobre la que golpea una tablilla, provocando un ruido desagradable; pero *matraca* era también sinónimo de 'pesadez'.
4 'La amante (*la amiga*) y el robo (*la sonsaca*)'.
5 *apetito loco*: deseo sexual desmedido.
6 *bellaca*: astuta y ruin (intención de persona ya experta en picardías).
7 *trabucar*: confundir, trastornar.
8 *perendeca*: prostituta callejera.
9 *mala cuca*: 'persona maliciosa'; pero también 'cornudo'.
10 *bazuca*: revuelve, descompone o destruye.
11 Esto es, el hombre paga lo que ha adquirido en vida (lo material) y por lo que ha pecado (pues tras la muerte le espera el juicio divino).

1 Para resumir la trayectoria de la vida humana Quevedo recurre en este soneto al uso de rimas *cacofónicas* ('repetición de sonidos que resultan desagradables'); pero el tono humorístico que en apariencia consigue con ello queda sofocado por la visión pesimista que destilan esos sonidos tan desagradables como la realidad que describen: "los trastos y miserias de la vida".

[86]

MOLINO

El viento más que un asno es paciente.

Gira gira gira
Molino que mueles las horas   *MAÑANA*
Pronto será la primavera
5 Y tendrás tus alas cubiertas de flores

Gira gira gira
Molino que mueles los días   *MEDIODÍA*
Pronto será el estío
Y tendrás frutos en tu torre

10 Gira gira gira
Molino que mueles los meses   *TARDE*
Pronto vendrá el otoño
Y estarás triste en tu cruz

Gira gira gira
15 Molino moledor de años   *NOCHE*
Pronto vendrá el invierno
Y se helarán tus lágrimas

He aquí el verdadero molino
No olvidéis jamás su canción
20 Él hace llover y hace el buen tiempo
Él hace las cuatro estaciones

Molino de la muerte Molino de la vida
Muele los instantes como un reloj
Estos también son granos Molino de la melancolía
25 Harina del tiempo que pondrá nuestros cabellos blancos[1]

VICENTE HUIDOBRO (1893-1948)

---

1 El molino movido por el *paciente* viento (y no por un asno, como nos advierte el v. 1) es símbolo del paso inexorable del tiempo. Personificado, el molino va transformándose con el cambio de estación o de las partes del día ("alas cubiertas de flores", "frutos", "triste en tu cruz", "se helarán tus lágrimas") y devora progresivamente más tiempo, al pasar de la primavera al invierno o del día a la noche, en que al fin se convierte en "moledor de años". El poema resume de modo original "las cuatro estaciones" de este libro.

Actividades

ANÁLISIS LITERARIO

1. PRIMAVERA

1.1 LA NATURALEZA

La **vegetación** —flores, plantas, árboles— y las **aves** son dos de los motivos más característicos de todo paisaje primaveral. La abundancia de **colores** y **sonidos** es la consecuencia natural de este estallido de esplendor y vitalidad. La naturaleza cobra vida hasta el punto de que aparece **personificada**.

- **a** ¿Qué elementos vegetales y qué aves se citan en los poemas 1 y 2? Anota algunas personificaciones en ambos poemas.
- **b** Enumera todas las alusiones al color. ¿Qué metáfora intensifica el colorido de la naturaleza en primavera?
- **c** Anota los verbos, sustantivos y adjetivos relacionados con el sonido. ¿Qué aliteraciones y onomatopeyas adviertes en el poema 2? ¿Qué efecto se logra con esos recursos?

El texto de *Platero y yo*, de Juan Ramón Jiménez, está escrito en **prosa poética**.

- **d** ¿Mediante qué recursos se consigue ese lirismo?

1.2 UNA CANCIÓN PARA LA INFANCIA

La parte central de «**A Margarita Debayle**» (3) la constituye un cuento que el poeta relata a una niña. En él, la conducta de la princesa produce una reacción de enfado en el rey.

- **a** Comenta la conducta de la niña y del padre. ¿Por qué, en cambio, el niño Jesús aprueba la conducta de la niña? ¿Qué valores destaca Rubén Darío en ella? ¿Piensas que son exclusivos de la infancia? ¿Sabes qué valor simbólico tenía para el poeta nicaragüense el color azul, título de uno de sus libros?
- **b** ¿Qué pretende Rubén Darío al narrarle este cuento a Margarita, una niña como la protagonista del poema?

Escrito en la cárcel, el poema «**Nanas de la cebolla**» (**4**) es una de las cimas de la poesía dedicada a la infancia. En él vuelca Miguel Hernández su intenso amor por su mujer y su hijo. El poeta, que trata de consolarlos por el hambre que pasan, es capaz de dignificar y transformar en materia poética algo tan sencillo como la cebolla.

   c Indica qué metáforas e imágenes emplea para referirse al hambre y a la cebolla y cómo se relacionan estas con el niño y la madre.

La continua invitación a la risa del niño, manifestación suprema de la alegría y la inocencia infantil, nos muestra, por contraste, la patética situación del poeta.

   d ¿Qué efecto debe obrar la risa del niño sobre el poeta? ¿Con qué metáforas indica que su hijo tiene ya cinco dientes?

   e ¿A qué situación personal e histórica se refiere cuando desea que su hijo «no sepa lo que pasa / ni lo que ocurre»?

Un tema frecuente en la poesía de todos los tiempos es la evocación, desde la edad adulta, de la infancia. Es el caso del poema «**Pegasos, lindos pegasos**», de Machado (**5**).

   f ¿Qué rasgo de la infancia destaca Machado del que él carece en el momento de escribir el poema? ¿Cuál es el tono que imprime Machado a su evocación?

La primavera es la estación del renacer de la vida, o, como dice Juan Ramón Jiménez en el **poema 6**, "la fiesta del que corre y del que vuela…" Por eso la "vida incompleta" de la niña coja se hace más evidente y dramática en primavera.

   g ¿Cómo se expresa el contraste entre la cojita y la vitalidad de la naturaleza y los niños sanos?

1.3 LA POESÍA COMO JUEGO O EJERCICIO DE INGENIO

En la tradición oral perviven todavía muchas **canciones** y **poesías infantiles** que, si preguntáis a las personas mayores, no es difícil recuperar y, posiblemente, salvar de un olvido quizá definitivo.

   a Pregunta a tus padres o abuelos qué canciones o poemas recuerdan de su infancia. Grábalos y transcribe luego sus textos. ¿Consideras que tienen valor poético?

b ¿Qué juegos tradicionales conoces que se acompañen con canciones? ¿A qué atribuyes que los niños y las niñas, hoy en día, no acompañen sus juegos con canciones?

En el **poema 7** el recurso empleado consiste, además del trabalenguas inicial, en contar una historia añadiendo a la última palabra de cada frase una o dos palabras rimadas, normalmente sin sentido, que se repite al final con el prefijo *sipili-*.

c ¿Serías capaz de contar una historia con un recurso similar?

Componer **un soneto** cuyo asunto es la escritura del propio soneto, como hace Lope de Vega (**poema 8**), es un juego de ingenio y habilidad cultivado también por otros poetas. He aquí un ejemplo anterior de Diego Hurtado de Mendoza (1503-1575):

> Pedís, Reina, un Soneto, ya le hago;
> ya el primer verso y el segundo es hecho;
> si el tercero me sale de provecho,
> con otro verso el un cuarteto os pago.
>
> Ya llego al quinto; ¡España! ¡Santiago!
> fuera, que entro en el sexto. ¡Sus, buen pecho
> si del séptimo salgo, gran derecho
> tengo a salir con vida de este trago!
>
> Ya tenemos a un cabo los cuartetos;
> ¿qué me decís, Señora? ¿No ando bravo?
> Mas sabe Dios si temo los tercetos.
>
> Y si con bien este soneto acabo,
> nunca en toda mi vida más sonetos;
> ya de este, gloria a Dios, he visto el cabo.

d Intenta escribir un soneto similar; por ejemplo, "El profesor nos dice que un soneto / debemos escribir, y sin demora / entregarlo mañana a primera hora; / en mi vida me he visto en tal aprieto…" ¡No olvides el ritmo de los endecasílabos!

En «**Fonemoramas**», el poema de Carlos Edmundo de Ory, bajo el ingenioso juego fónico se oculta una descripción del sujeto lírico.

e Interpreta sus versos, como se sugiere en la nota 2 al poema. Luego compón un poema similar; por ejemplo: "Si digo perro me emperro en lo que digo / Si digo ¡hola! soy una ola de amabilidad", etc.

1.4 EL DESPERTAR DEL AMOR

La **primavera** y el **amor** aparecen asociados en la poesía de todos los tiempos, pero es en la lírica popular de tipo tradicional donde más a menudo se produce esta identificación.

- **a** ¿A qué crees que se debe esto? ¿Tiene alguna relación con el tipo de sociedad tradicional?
- **b** ¿Qué elementos de la naturaleza suelen asociarse más frecuentemente al amor y qué simbolismo tienen?

El surgimiento del amor produce turbación y despierta emociones y reacciones anímicas difíciles de expresar con palabras. Los poetas recurren a comparaciones, símbolos, metáforas, imágenes, etc., para expresar de una forma intensa el inefable y a menudo contradictorio sentimiento del amor. En el **poema 13**,

- **c** ¿Qué recursos retóricos emplea la muchacha enamorada para comunicar a su madre lo que siente con la llegada del amor?

Uno de los momentos más sublimes del enamoramiento es el **primer beso**, y así lo atestiguan famosos pasajes literarios o cinematográficos. Bécquer, en los **poemas 12 y 14**, nos presenta el beso desde dos vertientes, la del deseo y la consumación.

- **d** ¿Qué representa el beso para Bécquer, y qué sentimientos y emociones manifiesta en cada caso?
- **e** ¿Qué escenas literarias y/o cinematográficas recuerdas del primer beso entre los enamorados?
- **f** Intenta expresar en un poema, con la intensidad y sencillez de Bécquer, el deseo de besar a la persona amada, o bien la emoción que sentiste en tu primer beso, tratando de comunicar la magia de ese momento.

1.5 EL VITALISMO. «CARPE DIEM»

Si la primavera y la juventud son hermosas, no es menos cierto que ambas son efímeras. El transcurso del tiempo determina su ley y, en el caso del ser humano, no hay retorno posible. De ahí que, si no se goza de la primavera de la vida —esa *hora* de la que nos habla Ibarbourou en el poema 16—, luego ya será imposible. Esta invitación a gozar de la juventud recibe el nombre de *carpe diem*, y se trata de uno de los tópicos más conocidos de la poesía. Muchos poetas han intentado emular o superar a los anteriores abordar este tópico. En esta antología te ofrecemos cuatro ejemplos (poemas 15 a 18).

a ¿En qué tiempo verbal se expresa la invitación al goce de la vida en esos poemas? ¿Qué palabras se repiten insistentemente en los poemas 16 y 17, y en qué lugar aparecen?

b Escribe, en columnas contrapuestas, los contrastes que se establecen entre el presente y el futuro en los poemas 15 y 16.

c ¿En cuál de los cuatro poemas de esta sección es más violento el contraste entre la vida y la muerte?

Compara el soneto de Góngora (**15**) con su precedente inmediato más conocido —el soneto de Garcilaso «En tanto que de rosa y azucena»— y comenta las semejanzas y las diferencias, tanto en el lenguaje como en la estructuración sintáctica.

d ¿Qué soneto consideras más intenso y perfecto? ¿En qué se observa que Garcilaso es un autor renacentista y Góngora barroco?

e ¿Te atreverías a componer una nueva versión, desde un punto de vista actual, del viejo tópico del *carpe diem*?

1.6 LA CREACIÓN POÉTICA

El propio acto de creación poética —que no difiere en lo esencial de cualquier otra creación artística— se constituye a veces en el tema de la composición. El poeta pretende así mostrar dónde reside la clave del proceso de creación que conduce a la obra artística. Bécquer defiende la idea romántica de que existe un genio creador capaz de percibir en cuanto nos rodea el pálpito poético y darle forma artística. En el **poema 19** recurre para ello a la alegoría del arpa.

a ¿Qué simbolizan las "notas" del arpa y la "mano de nieve"? ¿Qué sentido tienen las palabras "Levántate y anda"? ¿Con quién se equipara, por tanto, la figura del poeta?

Bécquer escribió varias composiciones sobre el mismo tema. Lee las rimas «Yo sé un himno gigante y extraño» (I), «Sacudimiento extraño» (III) y «No digáis que agotado su tesoro» (IV).

b ¿Qué es la poesía para Bécquer? La inspiración, ¿es para él algo mágico? ¿Requiere el arte algún esfuerzo?

El poema de Pedro Salinas (**20**) nos habla del afanoso trabajo que exige la creación poética y cuál es su resultado final.

c ¿De qué dos realidades se nos habla en el poema? ¿Qué relación hay entre ellas?

d Anota todos los términos del poema que tengan relación con el campo semántico de la *iluminación*. ¿Hay también dos tipos de luz? ¿Qué significa "una luz / que el sol no sabe"?

e Para Salinas, en suma, ¿qué función desempeña la poesía? Si crees que el poeta tiene razón, cita algunos versos de esta antología que, a tu parecer, describan de forma reveladora un sentimiento o una realidad.

2. VERANO

2.1 LA NATURALEZA

Con la llegada del verano, el paisaje y el ambiente cambian de aspecto. Manuel Machado describe en «**Verano**» (**21**) la apariencia que el paisaje ofrece en esta estación del año con una selectiva enumeración de sintagmas nominales, sin que aparezca ningún verbo.

a ¿Qué efecto se consigue con ello?

Las dos redondillas trisilábicas que constituyen la primera parte del sonetillo tienen una estructura idéntica, basada en el *quiasmo*.

b ¿En qué consiste ese recurso y qué valor estilístico tiene?

La cigarra no es descrita en el soneto de Salvador Rueda (**23**) como la holgazana cantora de la vieja fábula, sino como "del trabajo amiga", ya que su canto estimula la vitalidad de la naturaleza.

c En los poemas 21 y 23, anota los elementos de la naturaleza con que se identifica la estación estival. ¿Qué semejanzas y qué diferencias encuentras con los elementos con los que se asocia la primavera en los poemas 1 y 2?

2.2 EL AMOR: ESENCIA Y PASIÓN

Alcanzada la juventud, el amor se siente vivamente y se descubre en toda su complejidad. Pedro Salinas (**poema 24**) experimenta la plenitud del amor como un "vivir / sintiéndose vivido", y se recrea en la descripción de ese sentimiento.

> **a** Trata de explicar con tus propias palabras lo que el amor significa para Salinas. ¿En qué sentido el amor es, para el poeta, un ideal de vida? La muerte ¿acaba con este amor?

En la poesía petrarquista la sola ausencia de la amada provocaba un agudo dolor en el amante.

> **b** ¿Sucede así en este poema? ¿Vive Salinas el amor con la misma urgencia con que se incita a la vida en los poemas cuyo tema es el *carpe diem*?

La intensidad solar y el calor que caracterizan el verano son metafóricamente los del **amor vivido con pasión**. Las definiciones del amor que ensayan Lope de Vega (**poema 25**) y Bécquer (**poema 26**) están basadas en una enumeración de sentimientos; sin embargo, la conclusión de cada poeta es por completo diferente.

> **c** La enumeración del poema 25 es muy sintética, atropellada; ¿lo es también en el poema de Bécquer? ¿Qué distintas vivencias trasluce cada una de estas composiciones?
>
> **d** Los poemas de Bécquer y de Pedro Salinas tratan de la unión entre los amantes; pero ¿la ven del mismo modo?

Tanto en el soneto de Blas de Otero (**27**) como en el de Antonio Carvajal (**28**) se nos presenta un **amor violento** y **agresivo**; sin embargo, la desolación final del poema de Otero contrasta con la apacible plenitud del terceto que cierra el soneto de Carvajal.

> **e** ¿Con qué distintos referentes se identifica el amor en uno y otro poema? ¿En qué consiste el amor en cada uno de ellos? ¿Qué produce la desesperación del amante en el poema 27?

Otero emplea numerosos recursos fónicos y morfosintácticos para expresar la apasionada **insatisfacción espiritual** del amante.

> **f** Señala las onomatopeyas y aliteraciones del poema 27. ¿Qué relación tienen con el motivo del beso? ¿Qué otros recursos acentúan la angustia y la desesperación del poeta?

2.3 EL TRABAJO

Una de las actividades a que más tiempo dedica el ser humano es el trabajo, y de él se ocupa también el poeta. El poema de Gerardo Diego (**29**) imita las canciones de trabajo del cancionero tradicional (quizá se inspiró en los versos de Lope "A la viña, viñadores, / que sus frutos de amores son"), y también una de las formas más típicas de la poesía tradicional, como es el zéjel.

- **a** ¿Cómo se produce la alternancia de masculino/femenino en el poema y qué variantes formales ocasiona? ¿En qué otras labores agrarias participan hombres y mujeres conjuntamente?
- **b** ¿Qué estructura métrica presenta el poema y en qué coincide con el zéjel?

Desde una perspectiva urbana, la vida del campesino se ha idealizado muy a menudo, así como las tareas agrícolas (**poema 30**).

- **c** ¿Crees que Gil-Albert idealiza la vida del campesino? ¿Qué es lo que añora de esta vida? ¿Por qué?

Un efecto natural del trabajo es el sudor, que Miguel Hernández exalta en el **poema 31**. «El sudor» constituye un ejemplo elocuente de cómo algo en apariencia poco poético se dignifica y exalta mediante la metáfora, entre otros recursos.

- **d** Identifica y comenta la semejanza entre el término real —el sudor— y los términos figurados con que se lo designa en este poema. ¿Por qué adquiere el sudor ese valor tan sublime? ¿A qué lo opone el poeta?

2.4 UN CANTO AL PROGRESO

El progreso humano es la consecuencia del esfuerzo y el trabajo perseverantes. Nada tiene de extraño, pues, que el poeta cante asimismo a todo cuanto lo hace posible, incluidos los inventos de la tecnología. Pero al exaltar los artefactos del **mundo moderno** y mecanizado (**poemas 32 y 33**), el poeta no olvida la **tradición**.

- **a** ¿Qué concepto de la modernidad y el progreso tienen Salinas y Guillén?
- **b** ¿Qué similitudes y qué contrastes opone Salinas entre la primitiva forma de calor del fuego y la moderna del radiador?

c ¿Qué figura literaria y qué valor estilístico aporta a «Radiador y fogata» la apelación personal del poeta, el "tú" insistente con que se dirige al calor?

2.5 AVENTUREROS, HÉROES, REBELDES Y MARGINADOS

Atento a las múltiples facetas de la realidad social, el poeta fija la vista en una serie de personajes atípicos que no se someten a los convencionalismos sociales y nos descubren que hay otros modos de afrontar la vida, lejos del adocenamiento que nos imponen los valores establecidos. Uno de esos personajes es, sin duda, el **pirata**, al que Espronceda dedicó un famosísimo poema (**34**) en el que destaca la mezcla de distintas estrofas. En la «**Canción del pirata**» encontramos octavillas octosilábicas y tetrasilábicas, sextillas de pie quebrado y cantares o cuartetas asonantadas.

a Localiza en el poema esas estrofas y analiza su estructura. Considera la variedad rítmica que aporta cada estrofa en función del contenido que se va desarrollando.

En el poema se exalta el vitalismo de un **héroe rebelde**.

b ¿Cuál es la actitud del pirata ante la vida y la sociedad? ¿Qué ideales defiende? ¿En qué contrastan con los de la sociedad burguesa (Dios, Patria, Ley, posesiones materiales…)? ¿En qué coinciden con las ideas de los románticos?

c El barco refleja la personalidad del pirata. Demuéstralo.

En el poema «**Castilla**» (**35**), Manuel Machado enaltece la figura del más famoso héroe medieval español: Rodrigo Díaz, el Cid Campeador. El contraste entre el calor asfixiante y las armaduras de los guerreros, por un lado, y la figura delicada e indefensa de la niña, por otro, se destaca en las imágenes y en la sonoridad de las palabras.

d Analiza esos contrastes comparando los versos 1-14 y 14-20. ¿Qué se nos describe en cada una de esas partes? ¿Qué función desempeña el ambiente en que se desarrolla el poema?

El poema combina lo descriptivo, lo narrativo y lo dramático.

e ¿Qué partes corresponden a cada uno de esos tipos de texto y cómo se complementan entre sí? ¿Qué estructura le da al poema la repetición de ciertos versos al principio y al final?

f ¿Qué rasgos de la personalidad del Cid se realzan en el texto?

g ¿Qué sabes de la historia de este héroe castellano del siglo XI y de su conflicto con el rey Alfonso VI?

h Localiza los vv. 15-50 del *Cantar de Mío Cid* y compáralos con el poema de Manuel Machado.

En el romance «**Muerte de Antoñito el Camborio**» (**36**), se sintetiza el sentido trágico que impregna el *Romancero gitano*.

i ¿Por qué asesinan al gitano sus primos de Benamejí?

Lorca defiende en su obra a razas marginadas como los gitanos y los negros. Lee la nota **7** al poema.

j ¿Por qué admira Lorca al gitano y cómo expresa en el poema esa admiración? Contrasta su visión de esa raza con la idea llena de prejuicios que en nuestra sociedad se tiene a veces de los gitanos.

El ritmo pegadizo del poema es el característico de los romances, y se basa en la correspondencia entre métrica y sintaxis; las frases suelen ocupar dos o cuatro versos.

k Pon algunos ejemplos. ¿Cómo se abre y se cierra el poema?

El lenguaje poético de Lorca está plagado de brillantes imágenes, metáforas y comparaciones.

l Anota cuantas detectes y comenta su lograda pertinencia.

2.6 LIBERTAD, COMPROMISO Y SOLIDARIDAD

Los tres poemas que conforman este apartado (**37**, **38** y **39**) ponen especial énfasis en la solidaridad del poeta con los oprimidos por un orden social injusto y violento, pero cada texto poético ofrece una perspectiva y un contexto muy distintos.

a ¿Qué diferentes circunstancias han motivado en cada caso la solidaridad del poeta? ¿Cuál de las tres perspectivas te parece más cercana y entrañable, cuál más épica y solemne, y cuál más conciliadora? Razona tu respuesta.

El trabajo infantil, contra el que se rebela Miguel Hernández en «**El niño yuntero**», era algo frecuente en la España de los años 30 —época en que escribe el poeta—, como también lo fue en etapas posteriores y lo sigue siendo hoy en muchos países del Tercer Mundo.

b ¿Qué aspectos de este poema te parecen más patéticos? Señala la relación establecida entre niñez y vejez, vida y muerte. ¿Qué significa nacer "carne de yugo"?

c ¿En qué tres partes se divide el poema? ¿Qué solución propone Hernández para acabar con la explotación infantil?

La explotación infantil sigue siendo hoy práctica frecuente en muchos países del mundo, como habrás tenido ocasión de comprobar en muchos reportajes de prensa y de televisión.

d ¿Qué responsabilidad tienen en ello los países ricos?

El título del poema de Otero, «**Fidelidad**», se refiere al compromiso del escritor con el pueblo oprimido, pero juega a su vez con la idea de fe religiosa tal y como se expresa en la oración del «Credo».

e ¿En qué "cree" el poeta y qué valor cobra el contraste implícito entre su nueva "fe" y la fe religiosa? ¿Con qué recursos retóricos se pone de relieve esa "fidelidad" o "credo"?

f ¿En qué versos y con qué recursos estilísticos denuncia Otero la opresión social y política?

A pesar de esa explícita denuncia, el poeta pone toda su esperanza en un futuro distinto.

g ¿Con qué imágenes y recursos retóricos expresa su esperanza?

2.7 LA GUERRA

Es raro encontrar un solo año de la historia de la humanidad que no esté plagado de guerras, contra las que a menudo clama el poeta. Los cuatro poemas de esta sección tienen como fondo, explícito o solo sugerido, la guerra civil española, que se convierte en símbolo de todas las guerras. Pero mientras en los dos primeros (**40** y **41**) domina el sentimiento de desolación y tristeza, en los de Vallejo y Guillén (**42** y **43**) asoma la esperanza en el hombre.

a ¿En qué basan esa esperanza los poemas **42** y **43**?

b ¿Qué sugieren Labordeta y Hernández (**40** y **41**) que debería imponerse al horror y las muertes de la guerra?

3. OTOÑO

3.1 LA NATURALEZA

En los poemas sobre la naturaleza en otoño (**44** y **45**) se percibe casi siempre un tono de melancolía, producida bien por la **nostalgia**, bien por el **presagio de acabamiento**.

a ¿Cuál de estos sentimientos predomina en cada uno de esos poemas y en qué versos se expresan?

Tanto J. R. Jiménez como Ibarbourou recurren a una **descripción impresionista** llena de símbolos e imágenes plásticas y sensuales.

b ¿Qué valor encierran las impresiones sensoriales (olores, colores, sonidos, sabores…) que se ponen en juego en el **poema 44**? ¿Por qué recurre el poeta a la personificación?

3.2 EL ROSTRO SERENO DEL AMOR

Los tres poemas de amor incluidos en esta estación (46, 47 y 48) se caracterizan por una plenitud serena, bien distinta de la cándida e ilusionada turbación con que se descubre el amor en primavera y de la pasión violenta y fogosa con que se vive el amor en verano. En los tres poemas la **unión amorosa** es total, intensa, madura. En «La noche en la isla» (**46**) los amantes permanecen unidos en el sueño.

a ¿En qué versos se expresa la profundidad e intensidad de la unión entre los amantes? ¿Por qué podemos calificar ese amor de "cósmico"?

La serenidad es también el rasgo más destacado del **poema 47**, donde el amor va más allá de la mera unión física.

b ¿Cómo se concibe la unión amorosa en este poema?

El **poema 48** describe un acto amoroso, pero todo en él es tierno, suave, sensual y delicado, como la estación otoñal y el río que discurre junto a los amantes.

c ¿Cómo se describe el pelo de la amada? ¿Qué suave contraste se produce entre el acallado rumor de la naturaleza (vv. 9-12) y la delicada unión entre los amantes (vv. 13-20)?

3.3 ELOGIO DE LAS COSAS HUMILDES

Los poemas 49, 50 y 51 evidencian que no existe materia antipoética cuando los ojos sensibles y la palabra embellecedora del poeta se posan sobre ella emocionadamente. El poema de Rafael Morales (**49**) vuelve del revés la idea que tenemos sobre un cubo de basura.

- **a** ¿Con qué expresiones ennoblece y humaniza tanto al cubo como a su contenido? ¿A qué se debe el "dolor" y la "pena" de los despojos?

León Felipe identifica su destino humano con el de una humilde piedra (**poema 51**).

- **b** ¿Qué valores o rasgos personales del poeta nos sugiere su identificación con la piedra del camino?

- **c** Intenta componer un poema —en verso o bien en prosa poética— en torno a un objeto humilde o vulgar —unos zapatos rotos, una chabola, las patatas, el inodoro...—, o, como hace León Felipe, identificando tu vida con algo sin valor social o económico. Jorge Guillén compuso un poema sobre los zapatos y Miguel Hernández lo hizo sobre el inodoro. Localízalos.

3.4 NOSTALGIA, MEDITACIÓN

La nostalgia de la juventud, y la evocación de unos sentimientos que se suelen asociar con ella, comienzan a aflorar en la edad madura, etapa que se identifica simbólicamente con el otoño.

Al evocar su juventud, Rubén Darío recuerda una sucesión de relaciones amorosas (**poema 52**).

- **a** ¿Qué tipos distintos de mujer evoca a lo largo del poema y qué influencia ejercieron en su vida y en su concepción del mundo? ¿Qué representa la "princesa" que buscaba? (vv. 57-58). Explica el sentido del título del poema.

- **b** ¿Qué tipo de verso y de estrofa emplea Darío y por qué recurre a la rima aguda en los versos pares?

Antonio Machado imprime también a su poema (**53**) un tono melancólico y desengañado.

- **c** ¿Qué añora el poeta? ¿Cómo se integran el caminante y el paisaje? ¿Qué símbolos puedes detectar en el texto?

El **paso del tiempo** es un tema universal que el arte ha tratado en multitud de ocasiones.

    d ¿Cómo viven Darío, Machado y Gil de Biedma el paso del tiempo? ¿Qué efecto tiene en sus vidas?

    e Contempla algunos cuadros famosos sobre el paso del tiempo; por ejemplo: «El Tiempo ordena a la Vejez que destruya la Belleza», de Pompeo G. Batoni; «Las tres etapas de la vida», de Gustav Klimt; «¿De dónde venimos? ¿Qué somos? ¿Adónde vamos?», de Paul Gauguin; «El río de la vida», de William Blake. ¿Cuál te ha gustado más y por qué?

3.5 FRACASO, INDOLENCIA Y FATIGA DE VIVIR

La **derrota** o el **fracaso** pueden llegar a ser patéticos cuando se producen en el otoño de la vida, pues a esa edad resulta ya muy difícil recuperarse de un descalabro personal.

    a ¿Cómo se expresa la soledad y desolación del derrotado en el romance de don Rodrigo (**poema 55**)? ¿Qué efecto se logra al contraponer el ayer y el hoy en los versos 43-50?

    b ¿Qué casos conoces de héroes literarios o de personas reales que hayan pasado del éxito al fracaso, de ser admirados a ser rechazados, que hayan perdido, en fin, su poder o riqueza? ¿Te imaginas qué pueden sentir esas personas?

La **abulia** y el **escepticismo** ante la vida pueden ser el resultado del fracaso, o bien actitudes vitales que delatan la falta de voluntad, como se refleja en «**Adelfos**» (**56**), de Manuel Machado.

    c Señala los rasgos más sobresalientes del estado anímico del protagonista del poema. ¿A qué clase social pertenece y cuál puede ser la causa de su fatiga de vivir?

Muy distintas parecen ser las causas de la "**cansera**" del protagonista del poema de Vicente Medina (**poema 57**).

    d ¿Qué es lo que motiva su radical desesperanza y falta de ilusiones? ¿Qué efecto aporta el uso de una variedad dialectal?

    e ¿Cuál de las tres "personalidades" sugeridas en los respectivos poemas de este apartado te parece más dramática y más humana? ¿Qué invariable remedio proponen a su situación?

3.6 FRUSTRACIÓN, DOLOR Y ANGUSTIA EXISTENCIAL

El dramatismo del «**Romance de la pena negra**» (**58**) se acentúa formalmente con el diálogo que configura la parte central del poema y que contribuye también a determinar su estructura.

- **a** ¿Qué partes distingues en el poema? Justifica la respuesta.
- **b** Comenta lo que simboliza Soledad Montoya. ¿Crees que, además de a la raza gitana, el personaje representa también la sensación de frustración humana? ¿Por qué? ¿Qué imágenes del poema te han gustado más?

El poema de Dámaso Alonso (**59**) se sitúa en un contexto histórico muy determinado: la inmediata posguerra española —etapa de dura represión política— y la segunda guerra mundial.

- **c** ¿Cómo influye esta situación en el poema? ¿Por qué se identifica Madrid con un cementerio y sus habitantes con cadáveres? ¿Qué imágenes parecen producto de una pesadilla? ¿Qué visión del mundo nos ofrece el poeta? ¿Qué papel parece desempeñar Dios?

El **angustiado pesimismo** de Quevedo (**poema 60**) brota de la conciencia de las limitaciones humanas ante el paso inexorable del tiempo, ante la fugacidad de la vida.

- **d** ¿Qué efecto producen las invocaciones sin respuesta? ¿Cómo siente el poeta la vida y en qué términos se describe a sí mismo? ¿Qué sentido tiene la expresión «junto pañales y mortaja»? ¿En qué se parecen ambos? ¿Sabes qué otra expresión parecida emplea Quevedo para referirse a la misma idea?

La conciencia atormentada de Unamuno es lo que convirtió la vida de este escritor en un permanente combate autodestructor. Esa lucha interna se refleja en toda su obra y en el poema «**A mi buitre**».

- **e** ¿Qué simboliza el buitre? ¿Por qué dice el poeta que convertirá en "triunfo" su propia agonía el día de su muerte?

3.7 HUMOR, IRONÍA, SARCASMO

El humor admite numerosos grados y matices, desde la ironía amable al más grosero chiste o cruel sarcasmo. Muchos poetas, en algún momento, han recurrido al humor para expresar su actitud ante la vida y ante las personas, unas veces para reprender vicios y defectos, otras para denunciar la injusticia, otras como burla de sí mismo o de los demás, o, simplemente, por pura diversión o regocijo.

a ¿Cuál crees que ha sido la intención del autor en cada uno de los poemas escogidos para esta sección?

En «**Enigma**», Quevedo trata humorísticamente un asunto escatológico, tema del que nos ofrece no pocas muestras en su obra.

b Explica el sentido exacto de los vv. 5-6, 9 y 13-16.

c Trata de escribir un poema-enigma al modo de Quevedo, y que el resto de la clase intente descifrarlo. Recuerda que la técnica es semejante a la de las adivinanzas: «Aunque me corten y corten / nunca me verás sangrar / porque me han curado al frío / y metido en mucha sal».

El humor de «**Introducción a las fábulas para animales**» (**65**) conlleva una crítica feroz del ser humano y de la sociedad.

d ¿Qué visión del hombre nos muestra este poema?

En «**Elegido por aclamación**» Ángel González desenmascara con su humor sarcástico a un dictador disfrazado de demócrata.

e Señala el proceso que sigue para alcanzar el poder y 'legitimarlo' ante el pueblo. ¿Podrías mencionar algunos presidentes o jefes de gobierno que hayan obrado de ese modo?

f ¿Qué recursos retóricos y/o humorísticos pone en juego en los siguientes versos: «Gritaron: ¡a las urnas! / y él entendió: ¡a las armas!»; «Era pundonoroso y mató mucho»; «Solo callaron, / impasibles, los muertos»; «Inmóvil mayoría de cadáveres / le dio el mando total del cementerio»?

4. INVIERNO

4.1 LA NATURALEZA

El paisaje invernal sirve tanto a Antonio Machado como a Rosalía de Castro para reflejar, a través de él, un "paisaje anímico" muy cercano a la sensación de la muerte. El poema de Machado (**67**), que constituye la sección V de «Campos de Soria», lo protagonizan dos viejos que años atrás perdieron a su hijo.

> **a** ¿Cómo murió? ¿Qué elementos del paisaje descrito simbolizan la muerte y la soledad en que quedan los padres? ¿Con qué imágenes se recrea el dolor del viejo?

En la composición apunta, sin embargo, una esperanza en la figura de la niña.

> **b** ¿En qué versos se muestra esa esperanza? ¿Guardan alguna relación con el ciclo de la vida? ¿Tiene algún valor simbólico el que la vieja hile un "mechón de lana" y la niña cosa un "verde ribete a su estameña grana"?

El poema de Rosalía de Castro (**68**) presenta numerosos rasgos en común con el de Machado.

> **c** ¿Por qué se caracteriza el paisaje invernal —anota las sensaciones visuales y sonoras— y con qué etapa de la vida se relaciona? ¿Qué estado anímico representa este paisaje? ¿Por qué es el invierno "amigo" de la poetisa?
>
> **d** Al final del poema, ¿qué diferencia se plantea entre el paso de las estaciones y la vida humana?

Ahora ya puedes establecer los rasgos tópicos que caracterizan el paisaje en cada estación del año y su relación con las diferentes etapas de la vida.

> **e** Realiza un cuadro esquemático con cuatro columnas correspondientes a cada estación y escribe en ellas la edad equivalente, los adjetivos y sustantivos más frecuentes —colores, olores, sonidos, animales, elementos de la naturaleza, etc.— y las sensaciones que transmite cada estación.

4.2 EL OCASO DEL AMOR

Las *Rimas* de Bécquer constituyen en buena medida una biografía del amor que, partiendo de su ilusionado descubrimiento, conduce finalmente a la decepción de la ruptura. Este desolador fracaso inspira al poeta sevillano una pregunta inquietante que resuena en nuestros oídos: "cuando el amor se olvida, / ¿sabes tú adónde va?". La respuesta de los poetas suele ser invariable: la pérdida de un amor provoca el sufrimiento y un vacío hermano de la nada y de la muerte. Por eso Pedro Salinas (**poema 70**) se resiste a renunciar al dolor.

   a En un poema de amor es frecuente dirigirse a la amada. ¿A quién se dirige Salinas? ¿Qué efecto consigue con ello?

   b ¿Por qué el poeta defiende a todo trance el dolor? ¿Crees que tiene razón al valorar el dolor de ese modo?

Una profunda tristeza y desolación embargan al sujeto lírico del poema de Pablo Neruda (**71**) frente a la evidencia de que el amor ha terminado irremediablemente.

   c ¿Qué situación le hace evocar el amor perdido?

   d ¿Qué pretende expresar el poeta con el juego de contradicciones al que recurre en los vv. 6-9, 15-18, 23-24, 27…?

   e ¿Crees que el amante ha logrado superar el fracaso amoroso?

Tras el fracaso amoroso, Luis Cernuda (**poema 72**) adopta una actitud distinta a la de Salinas o Neruda.

   f ¿Cómo concibe el amor el poeta (vv. 9-15) y qué actitud adopta ante el fracaso amoroso?

El poema de Cernuda expresa el deseo de huida con la obsesiva repetición del complemento circunstancial de una frase principal.

   g ¿Qué recurso de repetición emplea? ¿Cuál es la frase principal del poema? Comenta las imágenes con que describe el lugar donde desea reposar, como «vastos jardines sin aurora», «piedra sepultada entre ortigas», etc.

4.3 LA EXPERIENCIA RELIGIOSA

El sentimiento religioso no es, desde luego, privativo de la vejez, aunque en esta etapa de la vida, vecina de la muerte, el ser humano pueda interrogarse con mayor inquietud sobre la existencia de Dios o el más allá, y sobre las repercusiones que ello tenga para nuestra vida en este mundo. En todo caso, caben actitudes muy distintas ante la religiosidad.

La contemplación de un ciprés hace sentir a Gerardo Diego ansias de elevación: su soneto (**poema 73**) es una acumulación de imágenes llenas de plasticidad y belleza.

a Analiza las imágenes de los vv. 1-4 y 12-13, y relaciónalas con el alma del poeta.

La figura de Jesucristo se convierte en un ejemplo de vida para el poeta anónimo de «**A Cristo crucificado**» (**74**).

b ¿Qué tiene el hijo de Dios que tanto "mueve" y "conmueve" al poeta? ¿Qué tipo de religiosidad se muestra en el poema?

El poema de Santa Teresa (**75**) expresa el deseo de unión mística con Cristo a partir de la paradoja del estribillo.

c Explica dicha paradoja. ¿Qué influencias hay en el poema del platonismo, del ascetismo y del amor cortés o petrarquista?

Los poemas de Lope (**76**) y de Blas de Otero (**77**) nos muestran dos formas radicalmente diferentes de aproximación a lo religioso.

d ¿Cómo ven a Dios cada uno de los poetas y qué contraria posición adoptan ante Él? ¿En qué sentido es su respectiva actitud propia de la distinta época en que vivieron?

La ternura y delicadeza del soneto de Lope contrasta también con el verso atormentado del poema de Otero.

e Pon ejemplos de la violencia expresiva del soneto de Otero. Explica el valor de los encabalgamientos abruptos. Señala todos los contrastes y antítesis del soneto y di qué función desempeñan.

4.4 A LOS QUE SE FUERON

Y con el frío invierno llega por fin la muerte, el final de trayecto de nuestro camino por la vida, el lugar donde desembocan "los ríos / que van a dar en la mar, / que es el morir", tal y como escribió Jorge Manrique en sus famosas «Coplas a la muerte de su padre». La **muerte de un ser querido** suele dar pie a emocionadas y memorables composiciones en que se expresa el lacerante dolor provocado por una pérdida irreparable. Una de las elegías más famosas del siglo XX es la que compuso Miguel Hernández a la muerte de su amigo Ramón Sijé (**poema 79**).

a ¿Con qué expresiones hiperbólicas manifiesta Miguel su dolor? (vv. 1-9)

El poeta reacciona con violencia ante el "manotazo duro", el "golpe helado", el "hachazo invisible" de la muerte.

- **b** ¿Qué violentas acciones emprende para rebelarse contra la muerte y recuperar a su amigo? (vv. 25-31) ¿Cómo reproduce en el plano fónico la agresividad que siente?
- **c** A la "lamentación" sigue la "consolación": ¿Cómo se remansa la rabia al final del poema?

También Lorca expresa su punzante dolor por la muerte del torero Sánchez Mejías en un verso memorable de «**La sangre derramada**»: "¡Que no quiero verla!". Lorca invoca a la luna y a las flores de jazmín para que sofoquen con su blancura la imagen mortal de la sangre derramada del amigo; pero este "ya duerme sin fin".

- **d** En la última sección del poema, ¿con qué imágenes expresa Lorca el hecho de que la muerte haya impuesto irremediablemente su ley? Trata de explicar los versos 70 a 94.

4.5 EL ÚLTIMO VIAJE

La visión de la **propia muerte** —o la reflexión sobre ella— constituye un tema muy frecuentado en la poesía. La perspectiva o la actitud ante la muerte, sin embargo, varía mucho de unos poetas a otros, pues depende de la propia concepción de la vida y del más allá.

La rima de Bécquer (**81**) acendra su dramatismo con una estructura basada en una fórmula paralelística.

- **a** ¿En qué consiste ese paralelismo? ¿Qué progresión se va desarrollando y cómo culmina esta gradación?

El poema de Juan Ramón Jiménez (**82**) carece por completo del dramatismo de la rima de Bécquer.

- **b** ¿Qué elementos del paisaje constituyen el plácido cuadro que pinta el poeta? ¿Qué valor tiene el polisíndeton que recorre toda la composición?

Jorge Guillén nos ofrece en «**Fuera del mundo**» (**poema 83**) una perspectiva distinta de la muerte, aceptada e integrada en el "orden" de la naturaleza.

- **c** ¿Cómo califica el poeta ese "orden natural" de la vida y la muerte? (vv. 4-5) ¿Qué famosos versos de las *Coplas* de Manrique te recuerdan los vv. 1-2 de «Fuera del mundo»? ¿Qué clase de muerte reclama para los suyos?

d Guillén dice que el muerto "no está, no existe" en la soledad del cementerio. ¿Qué crees que piensa el poeta del espíritu o del más allá?

e ¿Qué distinta perspectiva sobre la propia muerte nos ofrecen, en suma, Bécquer, Juan Ramón Jiménez y Jorge Guillén? ¿Con cuál te sientes más identificado o identificada? ¿Qué otras actitudes son posibles ante la muerte?

5. EL CICLO DE LA VIDA

Para representar el paso del tiempo o el ciclo de la vida se ha recurrido a diferentes **símbolos** y alegorías en la literatura y en el arte. Las cuatro estaciones es uno de ellos, quizás el más representativo, pero hay otros más.

a ¿Qué símbolos utilizan Manuel Machado (**poema 84**) y Vicente Huidobro (**poema 86**) con ese propósito? ¿Conoces otros símbolos para expresar esas ideas?

En su poema Huidobro emplea una gradación semántica que recorre cada una de las estrofas.

b ¿Qué elementos pone en juego en dicha gradación? ¿Por qué las palabras de la derecha del poema aparecen inclinadas? ¿Sabes en qué movimiento literario se recurría a veces a una disposición original de las palabras o los versos?

Los sonetos de Manuel Machado y Quevedo sintetizan las distintas etapas de la vida en cada una de las estrofas del poema.

c ¿Qué representa para Machado la juventud y qué actitudes reserva en cambio para la madurez? ¿Se corresponde con los temas que hemos abordado en el verano y el otoño?

d ¿Por qué Quevedo recurre a la cacofonía, especialmente en las rimas, y al uso de términos vulgares y degradados?